[illegible]

WISSEMBOURG — VIC

LE « RAYON DES VOSGES »

HACHETTE ET Cie, 79, BOULEVARD SAINT-GERMAIN, P

OTHÈQUE VARIÉE, FORMAT I

A 3 FR. 50 LE VOLUME

TOIRE ET DOCUMENTS HISTORIQUES

ECLERCQ, de l'Institut :
Histoire grecque. 1 vol.
stoire romaine. . 1 vol.
Colonel (Ch.), *Notes et*
s d'un officier d'État-
3-1791)...... ... 1 vol.
(E.) ; *Histoire des conspi-*
oyalistes du Midi sous la
n (1790-93)...... 1 vol.
d'un Conventionnel. Hé-
séchelles......... 1 vol.
Blanche .... 1 vol.
on de 1830 et le procès
tres de Charles X 1 vol.
temps révolutionnaires.
récits des temps révolu-
s. .... 1 vol.
et comédies de l'his-
. ... 1 vol.
la mort du général Mo-
.... 1 vol.
rois siècles..... 1 vol.
l'Amour à la Cour de
.... 1 vol.
HE (G.) : *L'exode.* 1 vol.
raine. : *La carte au*
t.............. 1 vol.
ENTANO (F.) : *Légendes*
s de la Bastille.. 1 vol.
nné par l'Académie française.
es poisons...... 1 vol.
collier......... 1 vol.
la reine......... 1 vol.
listes ... . 1 vol.
es devanciers.... 1 vol.
omédiens . 1 vol.
.... 1 vol.
COULANGES, de l'Ins-
a Cité antique.. 1 vol.
E TAURINES (Ch.) : *Les*
Varus........ 1 vol.
X (G.), de l'Académie
: *La Fleur des Histoires*
s.... .... 1 vol.
LE (P. de) : *Les origines*
sse de Lamartine 1 vol.
IE : *Histoire des Giron-*
.... 6 vol.
(Ch.-V.) et SEIGNO-
: *Introduction aux étu-*
iques........... 1 vol.
Y DE CIVRIEUX : *Sou-*
n Cadet (1812-1823). 1 vol.

LATREILLE (C.) : *Joseph de*
tre et la Papauté.... ....
L'Opposition religieuse au C
dat (1792-1803)...........
Après le Concordat : L'opp
de 1803 à nos jours......
Ouvrage couronné par l'Académie f
LAVISSE (E.), de l'Académie fran
çaise : *Études sur l'his*
Prusse. ....
Essais sur l'Allemagne imp

LUCHAIRE (A.), de l'Institut
cent III. Rome et l'Italie..
Innocent III. La Croisade de
geois...................
Innocent III. La Papauté et
pire.... ....
Innocent III. La que
d'Orient....... ....
Innocent III. Les royautés v
du Saint-Siège ....
Innocent III. Le Concile de
et la réforme de l'église..
(Collect. couronnée par l'Académ
MASSON (P.-M.) : *Madame de*
(1632-1710)... ... .
Fénelon et Madame Guyon.
PICOT (G.), de l'Institut : *H*
des États généraux........
ROUSSET (L.) : *Histoire*
guerre de Crimée.......
SAGNAC (Ph.) : *La révolut*
10 août 1792 ....
SAINT-SIMON : *Mémoires co*
et authentiques....... ..
TAINE (H.), de l'Académie fra
Les origines de la Franc
temporaine ....
Un séjour en France de 179

THÉDENAT (H.) de l'Institu
prêtre lorrain pendant la r
tion (1791-1799) ....
TIERSOT (J.) : *Les fêtes*
chants de la Révolution
çaise ... .
VIVIEN (Commandant) : *So*
de ma vie militaire (1792-182
ZURLINDEN (Gal) : *Napoléo*
maréchaux.............
La guerre de 1870-1871.. .

Imprimerie LAHURE, rue de Fleurus, 9, à Paris. — 3-1911.

L'EXODE

DU MÊME AUTEUR

A LA LIBRAIRIE HACHETTE ET Cie

Alsace-Lorraine : La Carte au liséré vert. — 4e édition. Un volume in-16, broché . . . . 3 fr. 50

Ouvrage couronné par l'Académie française.

La Cathédrale de Strasbourg. Notice historique et archéologique. — Un volume in-16 avec 30 planches hors texte en phototypie, plusieurs illustrations dans le texte et un plan (collection des *Grands Monuments*). D.-A. Longuet, éditeur. . . 4 fr. »

Un Ennemi du Cardinal « Collier » : François-Léopold de Mayerhoffen, maire de Saverne (Contribution à l'histoire de la Révolution en Alsace). — Un volume in-16, Dorbon-Aîné, éditeur . . . . 3 fr. 50

L'Insurrection de Strasbourg (30 octobre 1836). — Un volume in-4°, avec de nombreuses illustrations (tirage à part de la *Revue Alsacienne Illustrée*). — Librairies Dorbon-Aîné et Floury . . . . 10 fr. »

GEORGES DELAHACHE

L'EXODE

DE BISCHWILLER A ELBEUF
PHALSBOURG — MULHOUSE-BELFORT
METZ — ALSACIENS D'ALGÉRIE
WISSEMBOURG — VIC
LE « RAYON DES VOSGES »

PARIS
LIBRAIRIE HACHETTE ET Cie
79, BOULEVARD SAINT-GERMAIN, 79

1914

Nos patriae fines...

AVANT-PROPOS

AVANT-PROPOS

« Les sujets français, originaires des territoires cédés, domiciliés actuellement sur ce territoire, qui entendront conserver la nationalité française, jouiront, jusqu'au 1er octobre 1872, et moyennant une déclaration préalable faite à l'autorité compétente, de la faculté de transporter leur domicile en France et de s'y fixer.... » : tel fut, dans ses dispositions essentielles, l'article 2 du traité de Francfort. Les Alsaciens et les Lorrains pouvaient, s'ils le voulaient, s'en aller, quitter leur pays pour rentrer dans la patrie : le traité leur en laissait la faculté, élégant euphémisme, puisque cette faculté était, en fait, pour tous ceux qui tenaient à rester Français, une obligation. Nul ne put garder à la fois sa qualité de Français et son domicile en Alsace-Lorraine. Il fallut *rester* en Alsace-Lorraine et devenir « sujet allemand », ou « opter » en bonne et due forme pour la France et *partir*.

J'ai dit ailleurs (1) quelles réactions le traité produisit sur les diverses catégories de personnes, comment se

(1) *Carte au liséré vert.*

posait pour chacune d'elles l'angoissante question : partir ou rester? Mais si la préoccupation de l'avenir — pour la plupart, s'en aller, c'était leur vie à refaire — pouvait provoquer des résolutions différentes selon les ressources et les relations de chacun, le sentiment était unanime. Partirent tous ceux que ne retenaient point d'impérieuses nécessités, et même beaucoup d'autres qui, restant, n'auraient pas eu de peine à se justifier : combien de circonstances devant lesquelles la conscience la plus délicate, le patriotisme le plus ombrageux se fussent trouvés plus enclins à la pitié qu'au blâme! A mesure qu'approchait le terme du 30 septembre 1872, les départs se précipitaient, plus agités, plus fiévreux, et, les derniers jours, par les trains et les routes qui conduisaient vers la nouvelle frontière, ce fut une ruée formidable de braves gens, enthousiastes et navrés. Les vieux, les jeunes, une même horreur frémissait en eux, déterminait leurs actes : voir ses fils, se voir soi-même sous l'uniforme de ceux par lesquels on avait tant souffert et qui, du jour au lendemain, l'imposaient aux vaincus... (1) Pourtant, l'émigration ne s'arrêta point à la date fatale. Ceux qui restaient, étaient sujets allemands, mais ils pouvaient, s'ils revenaient en France, obtenir leur « réintégration » dans la qualité de Français. D'année en année, d'autres départs suivirent : on partait, « à cause des fils », toujours, ou pour rejoindre des filles mariées, ou même des parents moins proches, ou, simplement, la France, les Français... Les Alsaciens et les Lorrains se sont répandus par toute la France, lui apportant, de la

(1) Voir *Annexe* I.

même foi que leurs pères s'enrôlaient aux autels de la Patrie, une énergique volonté de la servir. Des noms de là-bas reconnus soudain loin du pays, retrouvés, au nord, au sud, à l'ouest, à travers tout ce qui reste du territoire national, et qu'on prolonge instinctivement, tout de suite, du souvenir de leur origine : — Staehling? Flach ? Strasbourg; Koechlin ? Engel ? Mulhouse; Gauckler ? Wissembourg; Blech ? Sainte-Marie-aux-Mines... — des chefs d'usine interpellant leurs ouvriers dans le dialecte de *Schilke* (1) ou celui de Dornach (2); des rapports de contremaîtres orthographiés à l'alsacienne; les « kilbés » (3) des environs de Bel-Abbès où les légionnaires alsaciens s'amusent comme dans leurs villages; ceux qui reviennent, d'Afrique ou d'Asie, glorieux d'un peu de gloire française quand même, mais qu'une frontière impitoyable arrête à quelques quarts d'heure de la maison où leurs « vieux » voudraient encore une fois les revoir; et ceux qui ne reviennent pas...; le chez-nous qui surgit soudain, parce qu'un professeur dans sa chaire, un avocat à la barre, un colonel devant le front de son régiment ont prononcé les mots les plus simples, les plus banals, mais en appuyant sur les consonnes, en chantonnant les voyelles d'une certaine manière où l'on a senti tout à coup, avec un frisson, vibrer le passé; le petit marchand d'en face, sous ma fenêtre, qui n'a « jamais voulu *y* retourner pour ne pas voir les Prussiens chez lui », et cet autre, ancien instituteur à Obermodern, « non-replacé » en France, qui pousse une petite voiture des « quatre-

(1) Dénomination populaire de Schiltigheim, près de Strasbourg.
(2) Faubourg de Mulhouse.
(3) « Fête du village », dans le Haut-Rhin.

saisons » et qui m'a dit en pleurant : « Ah! mon beau pays!... » tout cela, c'est l'Exode...

On a souvent discuté, en Alsace, cette question de l'émigration : où était le devoir envers la grande comme envers la petite patrie, s'il fallait partir ou rester, difficile problème. Partir, c'était donner au malheur un courageux témoignage de fidélité, mettre encore au service de la France, malgré la perte de l'Alsace, tout ce qu'on portait en soi des vertus alsaciennes. Rester, c'était contribuer à maintenir la France en Alsace, malgré la conquête étrangère, à prolonger son souvenir et son esprit dans le pays qui n'était plus français. Partir... mais partir, n'était-ce pas faire place nette devant les hommes d'outre-Rhin? leur ouvrir l'Alsace comme un bief qui se remplirait peu à peu et qui peut-être se déverserait plus tard, en un nouveau torrent, sur la France? Rester... mais, en restant, combien de temps pourrait-on garder la tradition intacte? les fils la sauveraient-ils en eux aussi facilement que les pères, qui n'en avaient pas connu d'autre, et ne deviendraient-ils pas, un jour, qu'ils le voulussent ou non, par le seul fait d'être restés là, de nouvelles forces pour l'Allemagne? Mais qu'importent ces considérations en grande partie rétrospectives? Même ceux qui déplorent le plus vivement aujourd'hui, en Alsace et en Lorraine, que l'émigration ait affaibli l'ossature du pays, rendu plus difficile sa lutte pour le maintien de sa personnalité, même ceux-là conviennent qu'il fallait que ce geste fût fait. Il était l'indispensable complément de la protestation politique. Sans lui, les paroles prononcées par les représentants de l'Alsace n'auraient pas devant l'histoire la même autorité. Faire déclarer, à Bordeaux,

« nul et non avenu un pacte qui dispose de nous sans notre consentement », à Berlin, « que l'Allemagne a excédé son droit de nation civilisée en contraignant la France vaincue au sacrifice d'un million et demi de ses enfants », c'était une protestation d'autant plus courageuse et belle qu'on était prêt, si l'Allemagne hautaine poursuivait sa route sans entendre, à s'en aller parmi les hasards et les périls, loin du clocher, peut-être à le regretter toujours sans le revoir jamais.

L'opinion française et l'opinion allemande furent, elles aussi, différemment affectées selon l'heure et les circonstances, par le fait de l'émigration alsacienne. En France, aussitôt la guerre finie, des comités se formèrent pour accueillir les immigrants d'Alsace et de Lorraine, mais la tendresse que la mère-patrie témoignait à ceux qui venaient vers elle n'allait pas sans quelque suspicion à l'égard des autres; par la suite, on s'est efforcé d'être plus juste, et la France sait aujourd'hui tout ce qu'elle doit à l'immigration alsacienne, mais elle comprend aussi que, sans les Alsaciens restés en Alsace, son nom même n'y serait plus qu'un mot germanisé. Quant aux Allemands, ils ne virent pas sans amertume s'allonger les listes d'optants dans les sous-préfectures et les colonnes d'émigrants sur les routes. Si la *Correspondance provinciale*, un des organes officieux du gouvernement de Berlin, écrivit alors que l'Alsace-Lorraine allait devenir un pays allemand « dans le sens le plus parfait du mot par suite de l'élimination des habitants qui se sont prononcés pour la France » (1), ce n'était qu'un argument de consolation

(1) Voir *Annexe* II.

qu'elle offrait à ses lecteurs, avec plus d'ingéniosité sans doute que de sincérité. L'Europe était trop émue par les scènes dramatiques de l'émigration (1) pour que l'Allemagne y fût elle-même indifférente et n'éprouvât pas quelque honte à voir ainsi s'enfuir à son approche les « frères reconquis ». Sinon, l'administration allemande n'aurait pas cherché à les retenir, exercé sa pression dans les campagnes pour entraver le mouvement d'émigration, offert des traitements de faveur aux fonctionnaires qui resteraient à son service, toléré, (2) par mesures exceptionnelles, que certains chefs d'industrie demeurassent citoyens français tout en conservant leur domicile sur le territoire annexé. Depuis, elle semble avoir changé de méthode, au moins à certaines périodes, dont la dernière est très voisine de nous. Que des « sujets allemands » de si récente et de si rude acquisition ne soient pas devenus passionnément Allemands, qu'ils ne soient encore que des *Muss-Deutsch,* des « Allemands par force », l'Allemagne, qui sait admirablement se souvenir quand il s'agit de sa propre histoire, l'Allemagne s'irrite et s'énerve à ce spectacle, et certains départs qui se produisent encore n'étonnent pas assez l'administration de la « Terre d'Empire » pour qu'on n'ait pas quelque raison de croire qu'ils répondent à ses désirs secrets... Plus encore que la susceptibilité politique, la surproduction humaine et économique de l'Allemagne a contribué à modifier dans le même sens les manières de voir et d'agir des autorités. Ce n'est pas seulement

(1) Voir *Annexe* III.
(2) Sinon tout de suite, du moins quelques années après la guerre.

au point de vue politique que le traité de Francfort séparait l'Alsace et la Lorraine de la France : la frontière nouvelle était, en même temps, une barrière douanière (1). Des Alsaciens, des Lorrains s'en allaient, refoulés vers leur marché traditionnel, laissant derrière eux, presque à l'abandon, des magasins, des fonds de commerce, parfois même une usine. Mais il n'y avait pas, dans l'Allemagne de 1871, assez d'hommes ni de capitaux disponibles pour qu'elle trouvât son intérêt à encourager ce mouvement. Aujourd'hui, la surproduction allemande, qui tend à se répandre à travers le monde, rencontre à sa portée immédiate, dans les provinces françaises que l'Allemagne s'est annexées, un premier terrain de colonisation et d'exploitation. Après les petits commerçants du début, qui se contentaient de prendre les places vides, sont survenus, depuis une dizaine d'années particulièrement, des entrepreneurs de grandes affaires, des chefs d'industrie enhardis par le succès. Pour racheter des établissements, pour fonder des maisons nouvelles, des dépôts ou des succursales, les Allemands n'éprouvent plus le même embarras qu'il y a quarante ans. Et voici, vers la France, quelques départs de plus, la masse de l'exode grossie encore de quelques unités.

... J'ai voulu suivre sur quelques-unes des routes par où ils passèrent la foule de ces émigrants, recueillir, tout ensemble, ce qui reste d'eux sur le sol qu'ils ont fui, ce qui reste du « pays » dans leurs foyers dispersés. Dévotion tendre à notre petite patrie, sensibilité toujours en éveil quand il s'agit d'elle et vibrante au

---

(1) Voir plus loin, pages 36, 91, et *Annexe* IV.

moindre choc, sans doute; mais encore — puisse le mot ne point paraître prétentieux! — ambition d'historien, volonté de saisir et de fixer, tandis qu'il en est temps encore, quelques-uns des aspects de ce grand mouvement de peuple, conséquence du désastre national. Demain peut-être, il serait trop tard. Des documents subsisteront, dans les bibliothèques et les archives, mais le souvenir vivant ne les éclairera plus. Aujourd'hui il reste des acteurs du drame, beaucoup d'hommes qui avaient vécu de compagnie, en Alsace ou en Lorraine, leurs années d'apprentissage et d'espoir; depuis lors, une frontière imprévue les a séparés, mais ils ont emporté, à travers la vie, cette image des mêmes horizons, ce même souvenir des impressions premières, qui ne s'effacent jamais. Ils n'ont point d'effort à faire pour se représenter l'Alsace sans les Allemands : leurs yeux l'ont vue française. Qu'ils aient poursuivi leur carrière en Alsace-Lorraine après l'annexion ou qu'ils l'aient interrompue là-bas pour la reprendre en France, les uns et les autres se rappellent, d'une seule mémoire, la société alsacienne d'avant la guerre, ce qu'étaient, partout, l'entrain au travail et le libéralisme des esprits, la confiance dans l'avenir et la douceur de vivre; comment on parlait, au café de la petite ville, de la guerre du Mexique, ou du projet de plébiscite, ou de certaine lettre des « Patriotes allemands » revendiquant, déjà, l'Alsace; quels étaient les débouchés de chaque industrie, avec qui « travaillait » Langenhagen de Sarre-Union, Dollfus-Mieg de Mulhouse, Blin de Bischwiller ou Goldenberg de Saverne; puis, tout à coup, la guerre, les gardes montées ensemble à la Porte de Pierres, l'escarmouche de Chalempé ou les sorties de Belfort, encore des émotions éprouvées en commun et qu'on revit d'un même cœur; puis, la fin, après la brutalité de la guerre, la brutalité de la paix, quelles furent les répercussions du traité de Francfort sur les existences particulières, quelles tracasseries s'ensuivirent pour celui-ci, parce qu'il avait dit trop haut que les Français reviendraient avant trois ans, comme tout le monde le pensait — sentiment général qui contribua, lui aussi, à déterminer dans un sens ou dans l'autre la conduite de chacun —; quelle déchéance pour celui-là, naguère heureux, presque riche après un patient labeur, médaillé à l'Exposition de 1867, — soudain ruiné par la perte de la clientèle française; quelle douleur pour cet autre, parce que son fils, soldat en France et parti sans « certificat d'émigration », ne pourrait pas rentrer en Alsace, le seconder, lui succéder un jour... Sans cette contribution du souvenir vivant, on pourra, demain encore, évaluer avec précision les conséquences économiques et sociales, pour la France et pour l'Alsace-Lorraine, de cette émigration; mais on n'en saisira peut-être plus toutes les causes et toutes les circonstances, on ne verra plus comme aujourd'hui de quelles incompatibilités morales et de quels bouleversements matériels elle fut faite, de quelles vexations et de quels déchirements. Demain, cette histoire sera de la statistique; aujourd'hui, elle est encore de la vie.

A tous ceux que j'ai consultés au cours de cette étude, les uns, qui furent de l'exode, les autres, qui ne l'ont suivi que du regard et de la pensée, je dois le même remerciement, pour la sympathie de leur accueil, pour les concours qu'ils m'ont offerts, pour les encouragements qu'ils m'ont prodigués. Ils m'ont assuré dans la confiance que mon effort n'était pas vain et, plus d'une fois, réconforté dans l'âpre poursuite de ma tâche. Mais ils sont trop nombreux pour que je puisse les nommer tous; et, pour quelques-uns, être cités ne serait pas sans inconvénient. Je me contente de leur dire ici ma gratitude, et quelle émotion je leur dois. Parmi les conséquences de l'exode, celle-ci, du moins, est indiscutable : par le lien qui subsiste entre les personnes, il a prolongé la participation de l'Alsace à la vie française et le souvenir de la France dans la conscience alsacienne. Souvent, dans mes allées et venues sur les deux versants des Vosges, j'ai pu donner à « ceux qui sont partis » des nouvelles de la petite patrie abandonnée, non oubliée, parler avec « ceux qui sont restés » de tant de personnes, de tant de choses chères qu'ils n'ont jamais vu revenir, et il m'a semblé qu'ainsi je contribuais, pour ma modeste part, à maintenir ce lien, à faire durer, malgré la frontière, cette fraternité. (1)

---

(1) M. Ernest Lavisse, de l'Académie française, a bien voulu s'intéresser dès le début à ce travail et en accueillir les principaux chapitres dans la *Revue de Paris,* avec une sympathie dont le souvenir m'est très précieux. Qu'il veuille bien trouver ici l'hommage respectueux de ma vive et sincère reconnaissance.

DE BISCHWILLER A ELBEUF

DE BISCHWILLER A ELBEUF

La guerre était à peine terminée qu'une petite ville du Bas-Rhin, en pleine prospérité, vit partir près de la moitié de sa population, presque toute une industrie, qui s'en furent jusqu'en Normandie chercher les moyens de revivre en restant à la France : Elbeuf allait s'enrichir de tout ce que perdit Bischwiller.

*
* *

L'activité industrielle de Bischwiller avait son origine au début du dix-septième siècle. Hameau bâti autour d'une ferme de l'évêché de Strasbourg *(Bischovisswiler, Episcopi villa)*, Bischwiller n'avait été longtemps qu'une seigneurie sans importance, maintes fois vendue ou engagée à des nobles du pays. Survient la Réforme, cause générale dont les répercussions locales vont déterminer toute la suite des destins de Bischwiller. Non loin de là, au débouché d'un col des Vosges, mais sur leur versant occidental, une ville neuve s'éleva bientôt, Phalsbourg, œuvre du comte palatin Jean-George de Veldence, refuge largement ouvert aux protestants persécutés de France et des Pays-Bas, industriels laborieux, commerçants actifs, qui vinrent en grand nombre s'y établir. Voici qu'en 1583 Jean-George vend sa ville au duc Charles de Lorraine, par une « capitulation », il est vrai, qui garantit la tolérance aux habitants. Vaine précaution : on s'aperçut vite que le Lorrain n'oubliait pas la Ligue ; son fils et successeur, Henri, marcha sur les traces paternelles, et il fallut repartir par les routes incertaines à la recherche de foyers nouveaux. C'est alors (1618, 1621) que beaucoup d'entre eux gagnèrent Bischwiller. Le duc des Deux-Ponts, de qui elle était maintenant la propriété, leur offrit sans compter avantages et garanties : mêmes droits qu'aux anciens habitants, admissibilité au siège des échevins, liberté du travail, concession gratuite de terrains communaux pour y construire, exemption pour dix-sept ans de toute corvée seigneuriale, concession à la nouvelle corporation des drapiers d'une chute d'eau pour l'établissement d'un foulon... A ces travailleurs venus ainsi — par Phalsbourg — de Lixheim près de Sarrebourg ou de Courcelles près de Metz, de Rocroi, de Commenchon ou de Grandrieux, du Vermandois ou du Limbourg, appartient l'honneur d'avoir introduit à Bischwiller cette industrie textile qui devait transformer, vivifier, rendre célèbre l'ancien village obscur des nobles de Beger et d'Eschenau, ses propriétaires d'autrefois. Sans doute, dans la suite du dix-septième siècle, puis au dix-huitième et au dix-neuvième, la culture du tabac, celle de la garance, celle du houblon, apparurent comme d'autres sources de richesse, — mais accessoires : dans l'industrie drapière apportée par les premières colonnes de réfugiés, « il y avait », dit un jour le Dr Luroth, un bon administrateur de Bischwiller, « il y avait un levain qui devait, tôt ou tard, faire lever toute la pâte ». Lorsqu'en 1811 l'admirable préfet que fut Lezay-Marnésia se fit rendre compte de la situation industrielle de Bischwiller, la ville comptait près de 4.000 habitants, la population ouvrière était de 1.700 personnes, dont 1.100 occupées par la draperie, prospérité qui s'accrut considérablement, presque sans interruption, pendant soixante années, grâce à la filature mécanique, puis au moteur à vapeur, grâce aussi aux nouveaux moyens de communication (chemin de fer Paris-Strasbourg, chemin de fer Strasbourg-Haguenau-Wissembourg).

Ce furent alors des périodes de splendeur, 1842, 1849-1852, 1855-1869, dont on se souvient encore à Bischwiller ; ce furent toutes les conséquences de la prospérité industrielle : agrandissement des écoles et des ateliers, perfectionnement des métiers, construction d'un hôpital, construction d'un « Progymnase » secondaire, organisation de sociétés de secours mutuels, de charité maternelle, de patronage des enfants illettrés, fondation d'une bibliothèque populaire, de cours d'adultes : plus de 300.000 francs dépensés de 1850 à 1866, sans contribution de la commune ni d'aucune caisse publique, simplement par cette « initiative éclairée et ferme », par ces « seules forces d'association fondées sur la plus large tolérance publique et religieuse », dont M. de Quatrefages (1) fit un enthou-

(1) L'illustre savant, membre de l'Institut, professeur au Muséum. Il avait été étudiant à Strasbourg. — La cérémonie d'inauguration eut lieu le 10 octobre 1864. Depuis plusieurs années, M. de Quatrefages passait à Bischwiller la période des vacances.

siaste éloge à la cérémonie d'inauguration du Progymnase. Les ouvriers affluèrent, attirés par l'appât de gros salaires facilement gagnés; on construisit, en 1853, un nouveau quartier : trois rues prolongeant des rues anciennes et six rues nouvelles, d'une largeur uniforme, sur un plan d'alignement régulier, bordées de petites maisons commodes, peu coûteuses, à simple rez-de-chaussée, qu'il fallut, souvent, surbâtir par la suite.

... Tout à coup, par un matin d'été, l'écho de canonnades proches, puis, l'après-midi, des lueurs d'incendie du côté de Frœschwiller, un cheval au galop, sans maître, revenant, affolé, vers son campement de l'avant-veille, quelques malheureux en fuite, et, le lendemain matin, un peloton de dragons badois, pistolet au poing, par les rues de la petite ville. C'en est fait de la prospérité de Bischwiller. On ne construira plus de quartiers nouveaux, on n'aura plus besoin de surbâtir les rez-de-chaussée.

***

Mais Bischwiller était, comme toute l'Alsace, ardemment française. Faut-il dire aussi qu'elle mettait quelque coquetterie à garder un air révolutionnaire, et que son humeur indépendante devait mal augurer de l'avenir ? L'Alsace, l'Alsace des Dix Villes Libres, de la République de Strasbourg et de la République de Mulhouse, l'Alsace de la *Marseillaise* allait tomber sous un joug étranger, le plus rude qui fût. Or, dans l'Alsace démocratique, les Bischwillérois se vantaient particulièrement de n'avoir pas, en 1793, arboré le drapeau blanc à l'approche des Autrichiens, d'avoir fait des réceptions triomphales à Benjamin Constant sous la Restauration (1), d'avoir naguère encore accumulé des *non* contre l'Empire (2), — et leur cité républicaine, au moment précis où la patrie devenait République, serait hors de la patrie! Ne pressentaient-ils pas confusément combien le régime à la prussienne froisserait ici la susceptibilité du démocratisme alsacien?... Peut-être; mais, plus qu'un sentiment confus, une idée claire occupait leurs esprits, animait leurs volontés. La France restait, et justifiait à soi seule le désir de rester à elle, d'aller la rejoindre... Ils partiraient...

Heureux ceux-là! s'ils voulaient partir, les conditions d'existence de leur industrie ne seraient pas un obstacle à leur départ. D'abord, en ce qui concerne les débouchés. Ils fabriquaient surtout des draps unis fins, pour une clientèle élégante et riche, du drap noir pour les

---

(1) En 1827 et en 1829. On perçoit encore à travers la chronique l'écho de ces acclamations populaires : « Bischwiller était fière d'être représentée à la Chambre des Députés par un des plus brillants orateurs de la Chambre et un des plus vaillants défenseurs des libertés publiques... La population entière se porta à sa rencontre et le salua avec des transports de joie... Le vieux et infatigable athlète du régime représentatif... harangua la foule d'une voix vibrante d'émotion et de bonheur... Ses paroles, rehaussées par l'éclat d'une belle tête de vieillard, dont la longue chevelure blanche flottait au vent, produisirent une véritable ivresse de bonheur chez la population... » Quand il mourut, en 1830, « un service commémoratif fut célébré en son honneur à l'église protestante... M. le pasteur Culmann, dans un discours entrecoupé de chœurs, célébra en termes éloquents les vertus civiques du constant défenseur du droit contre la force, des lumières contre les ténèbres, mort au service de la patrie et de la liberté. » (EUG. BOURGUIGNON, *op. cit.*, pages 263-4). — Voir à la suite des *Annexes* l'*Index* des ouvrages consultés.

(2) Au plébiscite de 1870, 1.455 *non*, 322 *oui*.

soutanes de curés, ou pour les petites vestes de paysans bretons ; ils n'avaient pas de clientèle allemande : vêtements fins ? l'Allemagne était encore trop pauvre ; soutanes ? l'Allemagne était protestante. Or, s'ils restaient, les clauses douanières du traité de paix (franchise de droits jusqu'au 31 août 1871, reculée jusqu'au 31 décembre, — quart de droit du 1er janvier au 30 juin 1872, — demi-droit du 1er juillet au 31 décembre 1872, — puis droit intégral) (1) allaient les séparer de leur clientèle française. Ensuite, en ce qui concerne le développement même de leur industrie : elle n'avait pas encore atteint l'âge où elle eût été obligée de rester, rivée au sol par des charges trop lourdes. Il y avait d'autres centres manufacturiers en Alsace où le désir n'était pas moins général, ni moins ardent, d'échapper aux conséquences du traité : Mulhouse, par exemple, et pourtant on n'y devait pas voir le même départ en masse. Ce n'est pas que Mulhouse eût déjà une clientèle allemande : la clientèle allemande ne lui est venue qu'avec le temps ; mais l'agglomération y était plus importante qu'à Bischwiller, le nombre d'ouvriers à transporter beaucoup plus considérable, les établissements industriels plus puissants, plus capables d'envoyer de l'autre côté de la frontière nouvelle des succursales ou des usines-sœurs, tout l'outillage plus perfectionné, plus compliqué, moins transportable, la Doller, enfin, intransportable, — la Doller dont les eaux se prêtent spécialement au blanchiment et à l'application des couleurs. Bischwiller était plus libre de sa personne... Raisons et raisonnements qui

(1) Voir pages 25, 91, et *Annexe* IV.

soutenaient l'élan premier, mais n'ôtaient rien à sa beauté. On voulait, et on pouvait partir ; on s'y décida, sans hésitation, non sans angoisse. Malgré tout, l'avenir était incertain. Ne serait-il pas plus hasardeux de partir que de travailler à se refaire une clientèle en restant ? L'ancienne clientèle les appelait, voulait continuer les relations ; mais ne passerait-elle pas à d'autres, quand on n'aurait plus la marque d'origine ? ne se lasserait-elle pas, la première émotion passée? Les agglomérations industrielles où ils allaient entrer verraient-elles leur arrivée avec plaisir, — facteurs nouveaux d'activité et de succès, ou concurrents ?... Ils partirent...

En 1869, il y avait à Bischwiller 11.500 habitants ; en 1874, il n'y en avait plus que 7.700. Des 96 fabricants d'avant la guerre, il n'en restait plus que 21 ; des 5.000 ouvriers, moins de 2.000 ; des 2.000 métiers, 650. Les expéditions de marchandises fabriquées ne se chiffraient plus que par 400.000 kilogrammes au lieu d'un million, et le total des affaires de la draperie que par 5 à 6 millions de francs au lieu de 18 à 20. (1)

Où allèrent-ils ? Quelques-uns à Sedan, à Vire, à Reims, à Tourcoing. La plupart, les plus importants, à Elbeuf.

L'antiquité d'Elbeuf était plus respectable encore que

---

(1) Cf. EUG. BOURGUIGNON, *op. cit.*, page 356.

celle de Bischwiller. Mention est faite des drapiers elbeuviens dès avant l'an 900. Depuis, au rythme de l'histoire politique ou religieuse non moins que des théories économiques ou des fantaisies de la mode, ils connurent des fluctuations parfois tragiques. Menaces de ruine : le jour, dit-on, où saint Louis résolut d'appliquer à sa personne les décrets des conciles et de ne plus porter aucune étoffe de luxe ; puis, tous les bouleversements du pays normand, guerre de Cent Ans, guerres de religion ; puis encore, dans la France pacifiée, la révocation de l'Édit de Nantes, qui chassa d'Elbeuf ses deux plus puissantes familles industrielles, les Lemonnier et les Lecointe. Renouveaux de confiance, amours-propres et bilans satisfaits : un achat de Richelieu, qui habille de drap d'Elbeuf la Compagnie écossaise de la garde du corps du roi ; des règlements de Colbert, qui les protège à la manière du grand siècle, ordonnant, inspectant, vérifiant l'origine des laines et le nombre des fils, les contraignant à bien faire, assurant ainsi leur réputation pour un long avenir ; des lettres-patentes de Louis XVI, qui met à leur service une autorité plus philosophique, assouplissant les règlements de Colbert, parce que, disait-il, « les institutions ne doivent point s'étendre jusqu'au point de circonscrire l'imagination de l'homme industrieux » ; une visite du Premier Consul, qui les honore d'une devise brève et nette comme un commandement : « Elbeuf est une ruche ; tout le monde y travaille »... En 1698, Elbeuf fabriquait 9 à 10.000 pièces, valant plus de 2 millions de livres ; en 1785, 18.000 pièces : 9.500.000 livres ; en 1823, sa production atteignait 36 millions de francs ; en 1834, 45 millions ; en 1868, 85 millions. Elbeuf ne dérogeait pas en accueillant Bischwiller, ni Bischwiller en se réfugiant à Elbeuf.

Toutefois, entre l'industrie de Bischwiller et celle d'Elbeuf, il y avait analogie, non identité. Les produits manufacturés, ici et là, n'étaient pas absolument les mêmes. C'est le drap noir qui avait fait la réputation de Bischwiller; Elbeuf, de son côté, faisait surtout de la « nouveauté ». Différence aussi dans les matières premières; ou, du moins, une d'entre elles, très usitée à Bischwiller, ne l'était pas du tout à Elbeuf: la *blousse*, c'est-à-dire les parties de laine trop courtes pour contribuer à la formation du ruban de peigné et qui tombent des machines au cours du peignage; dérivés de la laine-mère dont on peut tirer parti, soit en les employant seuls, soit en les mélangeant, au cardage, avec de la laine-mère. Différence, enfin, dans les procédés de fabrication. Jusqu'en 1871, la plupart des industriels elbeuviens étaient ce qu'on appelle des « fabricants en chambre » : tout se faisait à façon, depuis le nettoyage de la laine jusqu'au tissage des draps, ils n'avaient chez eux aucun outillage, mais seulement un magasin de vente, ou, tout au plus, un atelier de dessin et d'échantillonnage; en outre, il y avait fort peu de métiers à tisser mécaniques, les tisserands de la campagne à qui l'on confiait le travail, tissaient à la main, les vieux tramant la trame, les jeunes faisant marcher le métier. Les Bischwillérois, au contraire, étaient de l'école de Mulhouse : ils apportaient et ils mirent en pratique à Elbeuf la formule moderne de la concentration dans les grandes usines.

Sans doute, l'action ne fut pas unilatérale, l'influence

ne vint pas des Bischwillérois seuls; il y eut pénétration réciproque. Au bout de quelque temps, les Bischwillérois fabriquèrent de la « nouveauté », comme les Elbeuviens; l'usage de la *blousse* se répandit; l'expérience et l'habileté des façonniers elbeuviens dans chacune des opérations distinctes où ils se spécialisaient depuis des siècles, assurèrent le goût des Bischwillérois, rendirent plus difficile à contenter leur désir du fini et du parfait... Mais — pour n'insister que sur un point — cette lointaine spécialisation, contraire à l'esprit moderne du travail, n'était pas sans danger : elle avait brillamment réussi à Elbeuf, de nombreux fabricants lui devaient leur renommée et leur fortune ; aussi ne tenaient-ils guère à changer de système, étant assez riches pour se laisser vivre, c'est-à-dire pour mourir lentement; tandis que les Bischwillérois avaient besoin de mettre en œuvre toutes leurs ressources d'initiative et d'énergie, s'ils voulaient s'implanter là où ils s'étaient transplantés; et l'on peut dire que la vie industrielle d'Elbeuf, par leur arrivée, se renouvela, comme celle de Bischwiller, par leur départ, s'était presque éteinte.

Quarante ans après... Du coup que lui a porté la séparation d'avec la France, Bischwiller ne s'est pas relevée.

Ce fut d'abord, non pas la misère : on l'a évitée en fuyant devant elle, — mais la désolation, dans le sens originel des livres sacrés, le vide, l'abandon, — une malédiction qui avait passé, destructrice peut-être de l'avenir même. Puis, ceux des fabricants qui étaient restés, essayèrent de reprendre courage, se remirent au travail; et quelques-uns sont venus à bout, tant bien que mal, des difficultés créées par la situation nouvelle. Au bon temps, deux fois par année, en mai-juin et en novembre-décembre, les acheteurs affluaient dans Bischwiller; en outre, pour les règlements, on avait affaire à une clientèle de premier ordre (Paris et Lyon). Depuis, il a fallu admettre les demandes de longs crédits, et aussi, au lieu d'attendre chez soi, entretenir une représentation au dehors. Tel d'entre eux, qui ne pouvait plus vendre son drap de soutane en France, chercha à l'écouler en Suisse, en Italie surtout, par des intermédiaires, et finit par y réussir. Tel autre, qui avait une spécialité de draps pour crêpes de deuil, garnitures de corbillards, tentures mortuaires — usages plus particulièrement catholiques et français — a dû, à la longue, détacher la partie « crêpe » au-delà des Vosges, mais s'est mis, en compensation, à fabriquer de la « couleur » pour l'Italie, pour l'Orient. S'ils n'ont pas prospéré, du moins ont-ils continué de vivre. Même des industries nouvelles sont venues d'ailleurs (capitaux et administrateurs français ou alsaciens; pour quelques-unes, exclusivement allemands), ont profité du départ des autres, acheté, souvent à bon compte, des immeubles vacants, recréé quelque activité : une fabrique de jute, une fabrique de cartouches, trois fabriques de cigares, deux fabriques de chaussures, une fonderie. Des ouvriers aussi, ceux qui restèrent, purent vivre grâce aux vides laissés par ceux qui étaient partis. Avant la guerre, les ouvriers étaient les maîtres du travail, les patrons, comme on disait, les attendaient au pas des portes; après, dans les premières années qui suivirent, ils ne pouvaient plus travailler que deux ou trois jours, gagnant dix à douze francs par semaine, mais ils trouvaient à se loger, avec une famille, pour cent francs par an, à louer douze francs un champ qui leur donnait des pommes de terre pour l'année; depuis, les salaires se sont relevés, et, dans Bischwiller raréfiée, on ne chôme plus.

Mais si les industries nouvelles, lentement, péniblement, ont un peu ranimé la ville, elles n'y ont pourtant pas ramené la vie d'avant 1870, large, hardie, confiante. Même plus nombreuses ou plus importantes encore, y auraient-elles réussi? Sauf une ou deux, elles sont trop peu dans la tradition locale; la draperie, l'industrie séculaire du pays est anémiée, sinon languissante, les cigares et les cartouches ne peuvent rien pour elle, et ne sont pas ce qu'elle fut : l'âme de la cité, — le « levain » qui fait « lever toute la pâte »! Aussi bien cette ville d'où on a tant émigré, n'attire-t-elle guère d'immigrations compensatrices. Les Allemands qui ont passé le Rhin après 1871 se sont installés de préférence dans les grandes villes, où ils ont des leurs en foule dans l'administration et dans l'armée; à Bischwiller, en face de quelques Allemands, les Alsaciens restent entre soi, jalousement, rudes, avec ténacité, aux nouveaux venus, à ceux aussi des « indigènes », s'il s'en trouve, qui ne se gardent pas assez contre l' « infiltration »; quand, par exception très rare, un mariage se fait d'un camp à l'autre, le peuple se moque (1), le

(1) Parfois, des ouvrières, ou des bonnes, épousent des *immigrés*, sous-officiers ou employés de bureau; mais elles ne s'en étonnent pas moins qu'on fasse comme elles quand on a les moyens

monde en parle pendant des années, les relations sont rompues avec le transfuge, et, une fois de plus, les « immigrés » ne comprennent pas... Alors, malgré la « Nouvelle Manufacture de Draps », le jute, les cigares, les cartouches et les chaussures, malgré la population des trois hospices ou asiles qui n'existaient pas avant la guerre, malgré la garnison, nouvelle aussi, de trois batteries d'artillerie, le chiffre des habitants de Bischwiller vient à peine de rattraper huit mille...

Les rues s'allongent, trop calmes... Ceux-ci sont partis; et ceux-là aussi; et ceux-là encore. Voici leur usine vide, qui ne contient plus qu'une chaudière invalide et sale, ferraille à vendre. Voici un pâté de bâtiments énormes qui furent rachetés à des partants « pour un morceau de pain », et qui abritent maintenant l'« Asile pour enfants idiots ». Voici, sur la rue, une maison qui semble habitée et gaie; mais, c'est l'été, on n'y vient qu'un mois par an, on ne l'a gardée que comme séjour de plaisance et comme souvenir; voyez, derrière la maison, l'herbe qui a envahi la cour, la fabrique déserte, ses murs qui se lézardent, ses vitres cassées qu'on ne répare plus. Voici des volets fermés, sur toute la largeur, sur toute la hauteur de la maison: des yeux clos pour toujours : ici on ne revient jamais... Témoins vieillis du temps heureux où l'on ne prévoyait pas que la vie serait à refaire, souvenirs des grands espoirs que la guerre a brisés.

---

de faire autrement. Une d'entre elles, apprenant le mariage d'une jeune fille de la bourgeoisie *indigène* avec un Allemand, disait en son dialecte : « *Ich thät mich awer schäme, wenn ich e* Mamsell *wär, so einer zu hirothe!* » « J'aurais honte, si j'étais une *demoiselle,* d'en épouser un comme çà! »

Elbeuf. Le chiffre d'affaires des Bischwillérois est aujourd'hui le tiers du chiffre total des affaires de la place. Mais le succès ne leur a pas fait oublier les difficultés du début, la tristesse du départ, le passé, la petite patrie. Des chefs de maisons, plus d'un est encore là, qui a fait le transfert, ou qui l'a vu. Des ouvriers, plus d'un aussi se rappelle les aventures du voyage. On est venu, à six ou sept, comme une petite escouade, un des patrons en tête, « M. Adolphe », ou « M. Maurice », ou « M. Henri ». A Nancy, à Paris, à chaque étape, l'escouade se dispersait : il donnait cent sous à chacun, et l'on convenait d'un lieu de rassemblement du côté de la gare, pour reprendre le train le lendemain ou le surlendemain. Parfois, un incident drôle : à Paris, « M. Adolphe », ou « M. Henri », heureux de revoir des uniformes français, quels qu'ils fussent, serre joyeusement la main de quelques fédérés, leur offre à boire; mais il n'avait guère l'accent parisien, on commence à le regarder de travers. Il partit sans demander son reste. A Elbeuf, on loge tant bien que mal dans de vieux magasins, on couche sur des pièces de drap. Puis d'autres vinrent, et d'autres encore, des centaines et des centaines : environ deux mille sans doute, en tout. Au début, cela n'alla pas toujours très bien. Un jour, au cabaret des Écluses, sur la Seine, disputes et coups : les Alsaciens d'un côté, les Normands de l'autre; on joua même du couteau. Mais tout s'est apaisé avec le temps.

Toutefois les Alsaciens continuent de former un groupement original dans la population elbeuvienne. D'abord, beaucoup d'entre eux sont luthériens au milieu d'une population catholique, qui ne connaissait, avant la guerre, que quelques réformés; leur pasteur, un Alsacien de bonne roche qui fut aux ambulances dans Strasbourg bombardé, leur fait un sermon en allemand tous les quinze jours, et, l'office terminé, s'entretient avec eux en dialecte. Car le dialecte subsiste, parlé couramment chez tous les vieux, fidèlement conservé par beaucoup de jeunes : je les ai entendus, entre eux, ou avec les patrons; et d'entendre ce langage ici, dans une petite ville normande, à cinq cents kilomètres de l'Alsace, je me maîtrisais mal, je me sentais fébrile, je me croyais là-bas, chez eux, chez moi... Ils se sont longtemps mariés entre « pays » (et cette tradition non plus n'est pas perdue) : Philippe Oser, d'Oberhoffen, avec Julie Danner, de Bischwiller; François Schiellein, de Lembach, avec Sophie Dott, de Bischwiller; Mathias Nonnenmacher, tisseur, né à Niederschæffolsheim, fils de Mathias et de Catherine Kieffer, avec Sophie Kugelmann, épinceteuse, née à Bischwiller, fille de Georges et de Sophie Danner. Et quels témoins! Constant Jehl, Jacques Becht, Charles Danner, Antoine Zipfel, Jacques Jesel, Guillaume Ostertag, — de Bischwiller, d'Oberhoffen, de Mothern, de Runtzenheim, de Rohrwiller... Quelles belles noces ce durent être! non sans un peu de mélancolie, j'imagine, quand les vieux n'étaient pas là, qu'une procuration les représentait, envoyée par Me Kleinclauss, notaire à Haguenau, ou Me Kléber, notaire à Drusenheim. De leurs noms, du nom de leurs villages, comme de leur patois, la même émotion montait en moi, — de douceur familiale, et de lourd regret... De beaux types de là-bas subsistent, reconnaissables au plus lointain aspect : leur carrure, tout un air de vigueur laborieuse mêlée de bonhomie, la moustache et la « mouche », vieux souvenir aussi... En voici un, — au hasard, — dans le pavillon des anciens métiers qui battent lentement et qu'on ne garde que pour ces vieux : il parle de son tirage au *sórt* — avec un *ó* très allongé et un *r* un peu dur qui ne trompent pas sur son origine —, il parle de ses « sept ans », du Mexique, et de son fils surtout, adjudant de tirailleurs, au Maroc, qu'il espère voir revenir un de ces jours, avec la médaille militaire. Un autre, qui fut de la rude journée, 22 janvier 1871, où les *Francs-tireurs de la Délivrance* firent sauter le pont de Fontenoy. Un autre, ici, au bureau, qui garde précieusement dans ses papiers une vieille carte de France du temps qu'il était écolier : un jour, le pasteur de son village, ou d'un village voisin, de Ringendorf ou de Rothbach, la lui avait donnée, après y avoir, de sa main, ajouté les deux départements nouvellement français, Savoie et Haute-Savoie. Depuis !... Un autre, là, un « foulonnier », debout près de sa machine, me demande si je connais son cousin de Bischwiller, qu'il n'a pas vu depuis plus de trente-cinq ans, conscrit de 1868 comme lui, et qui vient de lui envoyer, en souvenir du terroir, quatre pieds de houblon... Et puis... il y a Philomène ! Philomène, qui est venue à pied de Bischwiller à Elbeuf, fillette de douze ou treize ans, avec son père, trois frères encore plus jeunes qu'elle, et une brouette : la brouette, pour véhiculer les petits quand ils étaient fatigués ! C'était en 1878. Le père ne trouvait plus de travail régulier là-bas, ses six frères avaient été soldats français ; il ne voulait plus rester. Il aurait bien pu emprunter quelque argent pour voyager d'une autre manière ; mais il aurait fallu, pour cela, parler, écrire, apitoyer, attendre, peut-être aussi se priver d'un plaisir très alsacien : celui de montrer aux camarades de quoi on est capable, pour venir les rejoindre... Ils firent la route en trente-trois jours. A la frontière, le douanier français était de Haguenau; près de Châlons, ils eurent affaire à un gendarme qui était de Mutzig : bienheureux hasards, qui redonnaient de l'entrain à toute la troupe. Par contre, il arrivait qu'on restât trois jours sans entendre le parler du pays. Alors Philomène pleurait... Oui, je le sais, ce drame éternel est déjà dans Virgile : *Nos patriae fines et dulcia linquimus arva.* Mais Virgile est bien loin; tandis que Bischwiller, c'est de notre histoire à nous, de notre chair, et de notre cœur.

PHALSBOURG

PHALSBOURG

A l'ouverture d'un col des Vosges, le plus fréquenté de toute la chaîne par les soldats et les marchands qui vont, depuis des siècles, d'Alsace en Lorraine et de Lorraine en Alsace, une petite ville qui commande le passage : voilà Phalsbourg, l'origine de sa grandeur militaire, la raison de sa valeur nationale, presque toute son histoire ; *presque*, l' « annexion » ayant fait le reste.

Phalsbourg n'est pas une ville née au hasard et sans aïeux. Elle est, parce que deux hommes ont voulu qu'elle fût : en 1570, un petit prince à peu près inconnu et qui mériterait d'être célèbre, Jean-George de Veldence, comte palatin ; un siècle plus tard, le Grand Roy.

Jean-George régnait sur le comté de la Petite-Pierre, qui enveloppait dans ses limites l'emplacement où s'élève Phalsbourg et où il n'y avait alors qu'un pauvre château avec quelques maisons : Einhartzhausen. Fantasque, processif et génial, il administrait son comté avec un luxe d'idées et d'ordonnances qui confondent, surgissant à cette date : les finances de l'État, les mines, la boulangerie, la boucherie, l'ordre dans la rue, l'ordre dans la maison de ses sujets, tant de vin permis aux hommes, tant aux femmes, les chiens renvoyés de la table familiale, il réglemente tout, soucieux du moindre détail; il fixe la justice, fait rédiger un code complet de législation et de procédure, où s'amalgament avec le droit romain les dispositions des anciennes coutumes; il organise l'instruction : l'instruction des princes, qui ne seront plus abandonnés au caprice de précepteurs sans lien et sans méthode, mais réunis et élevés en commun (les princes de toutes les branches palatines), selon des principes déterminés, pour une fin déterminée, la pratique de leur métier de prince, — et l'instruction du peuple, dans des écoles pareilles à « de beaux jardins parsemés de belles fleurs », où l'on élèvera la jeunesse « dans l'amour de Dieu et pour le bonheur de l'humanité »...

L'administration de la Petite-Pierre, du comté, son État, et du village, sa capitale, ne suffit-elle pas à l'activité organisatrice de Jean-George ? et voulut-il essayer son système sur un terrain neuf, créer de toutes pièces une cité idéale là où il n'y avait rien jusqu'à lui ? Ou bien s'effraya-t-il de la tentative récente d'un de ses voisins, un d'Haussonville, protégé du Cardinal de Lorraine, qui venait de mettre la main sur le prieuré de Saint-Quirin ? Il n'avait pas perdu le souvenir du *Voyage d'Austrasie*, du passage récent de Henri II jetant quelques hommes au château d'Einhartzhausen avant de poursuivre vers Metz, et Jean-George vit sans doute dans l'acte de d'Haussonville une nouvelle manifestation de la politique française ambitieuse de progrès vers l'est, puisqu'il appela l'attention de l'empereur sur la nécessité d'intercepter le passage en y élevant une ville nouvelle, plus importante pour la défense qu'un château perdu. Ou encore, luthérien qui pouvait continuer à vivre dans son pays, songea-t-il avec une compassion fraternelle aux réformés de l'ouest et du nord, moins heureux que lui, et d'étonnantes visions d'avenir s'agitèrent-elles dans son imagination de précurseur : des villes, des régions entières régénérées par eux pour les avoir accueillis errants et misérables? Sans doute aussi, puisqu'il fit répandre au loin, à l'intention des persécutés qui cherchaient un asile, la copie en multiples exemplaires (1) de l'acte de fondation de la ville avec l'énumération des privilèges et franchises qu'il accorderait aux habitants. Les réformés y vivront aussi libres que les luthériens, aussi respectés, aussi sûrs du lendemain; les uns et les autres auront leurs ministres; les immigrants conserveront la faculté d'émigrer; ils ne pourront dans aucun cas être traduits devant une juridiction étrangère; des places pour bâtir leur seront concédées gratuitement, du bois pour la construction des maisons, des pâturages pour leurs grands et petits bestiaux. Efficace « publicité ». Il en vint de partout, de Lorraine, de Metz, du Barrois, des Ardennes, des Pays-Bas. Lui, assistait, passionné, à la réalisation de *sa* ville — *Pfalzburg*, la Ville du Palatin, — ou, quand il s'en éloignait, se faisait adresser des rapports détaillés, la liste des arrivants, « les noms de ceux qui bâtissent » : « ce iourd'huy 11e d'avril 1572 », « ... Me Hance, forestier, Monsr de Conflan, Anthoine le Picard, George de Doulouard, cordier, Le petit boucher, Le gros tanneur, Quentin le masson, George le charpentier, Alleman... »; « tous

(1) En français et en allemand.

bâtissent de pierre, hors mis George le charpentier... » (1) Et quelles destinées Jean-George entrevoyait pour Phalsbourg, quel avenir grandiose, infini ! Phalsbourg sera, entre l'Europe centrale et occidentale, une grande ville d'échange et de production. Jean-George l'a dit. Il le faut. Et tout concourt au succès. D'ici on est en six heures au Rhin, en une journée à la Sarre, en trois jours à la Moselle, en quatre à la Meuse, à la Marne ou au Danube ; à peine davantage pour la Seine, le Rhône, la Loire. Quelques routes nouvelles à créer, de Phalsbourg à Spire, à Ensisheim, à Blamont, et l'on rejoindra facilement par là les communications régulières avec Augsbourg et Vienne, Innsbrück et l'Italie, Nancy, Lyon et Paris. Toutes les matières premières, Phalsbourg les a sous la main, ou les aura : la laine, des marchés de Brumath, Saverne, Haguenau, a pris dès longtemps l'habitude de passer ici les Vosges ; le fer aussi, par le même chemin, mais en sens contraire, vers Strasbourg et Worms ; quant au cuivre, du marché de Francfort, il remonterait le Rhin et la Zorn : rien de plus aisé que de prélever le nécessaire au passage. Enfin — couronnement de son œuvre — il résolut d'unir, du nord au sud, le bassin de la Sarre à celui de la Zorn, de l'ouest à l'est, la Meuse à la Moselle, par des travaux de navigabilité et des canaux de jonction : *anticipations* de près de trois siècles, dont un savant ingénieur strasbourgeois, l'illustre Specklin, disait alors qu'elles étaient conçues « pour la perte des pauvres gens et contre l'ordre de Dieu »... Jean-George avait pu, pendant plus

(1) LEPAGE, *op. cit.*, tome II, page 274 ; Dag. FISCHER, *Comté Petite-Pierre, Revue d'Alsace* 1880, pages 100-104 ; WOLFRAM, *op. cit.*, page 241.

de dix ans, tout à son aise, bâtir, réglementer et rêver. Hélas! ce grand administrateur avait mal administré. Ruiné, il engagea la ville et ses dépendances au duc de Lorraine, en 1583, pour 400.000 florins. Il ne put se libérer. La ville resta au duc. Le rêve s'était évanoui en faillite. Mais Phalsbourg était fondée.

Louis XIV la fit ce qu'elle fut depuis : gracieuse et massive tout ensemble, digne de lui et de ses grands commis. A vrai dire, dans l'intervalle, la brutalité des temps avait préparé les voies au roi. Le refuge, le marché, l'entrepôt créé par Jean-George, devint un champ-clos où s'entrechoquèrent les religions, puis les armées, parfois les unes et les autres dans une mêlée furieuse de toutes les passions.

Au nom du Maître céleste, le duc de Lorraine, catholique, voulut catéchiser la protestante Phalsbourg, y appela le P. Anselme et le P. Oudé au secours du curé Didelot; et de quelles épiques apostrophes la petite ville retentit alors! Le 12 avril 1621, « l'hérésie dans Pfalzbourg faisant de la bravache», le P. Oudé «dresse un cartel de deffy » qu'il envoie « par le maistre d'escolle au logis du ministre »: « Aurez-vous le courage de paroistre sur les rangs pour soutenir l'honneur de votre religion qui tombe par terre?... » Qu'est-ce donc que des ministres « ainsi subjects, ou plustost esclaves d'un tas de savetiers », d'une « racaille d'artizans », qui peuvent, « s'il leur plaist, vous déministrer, et casser aux gages?... O le brave Consistoire!... » Mais, si « enserré » qu'il soit « dedans une contradiction aperte» ou « accroché par la serre de quelque preignant enthymème », « le monstre, estendu demy-mort aux pieds de la vérité, par excès d'obstination ne se veut pas rendre, encore qu'il donne la pistole et rende ses armes... » (1); alors, le duc employa d'autres moyens, les contraignit au départ s'ils ne se laissaient pas ramener à la foi catholique : de ceux qui partirent, la plupart gagnèrent Bischwiller, (2) où le duc des Deux-Ponts leur fit le même accueil qu'ils avaient reçu de Jean-George à Phalsbourg, cinquante ans plus tôt.

Au nom des princes de la terre, pendant la guerre de Trente Ans, des Français, des Croates, des Espagnols, des Impériaux de toute provenance, les Suédois de Bernard de Weimar se disputèrent la ville, laissant derrière eux les ruines et les misères d'usage; lutte sauvage, dans tout ce pays : l'adversaire n'était pas toujours le même, mais l'habitant pâtissait toujours, payait d'énormes tributs comme contribution aux ennemis, à moins que ce ne fût comme subside aux alliés,

---

(1) « *La religion prétendue mourante* à Pfalzbourg entre les mains de ses médecin et ministre d'un coup de pistole le 12 avril 1621, après avoir esté vaincue diverses fois par disputes entre le R. P. Nicolas Oudé Jésuite, et le sieur Brasi ministre, comme il est icy narré fidellement par Mre Dominicque Didelot Théologien Curé à Pfaltzbourg », — Au Pont-à-Mousson, par Charles Marchant, Imprimeur de Son Altesse. — Cf. également dans l'*Encyclopédie des Sciences religieuses* de Lichtenberger (art. : *Lorraine*), d'autres titres non moins expressifs : « *Balaam et son compagnon arrestez par l'espée de l'ange de Dieu*, ou les sieurs Nic. Oudé jésuite et Dominique Didelot curé à Pfaltzbourg, frappez par le glaive à deux tranchants de J.-C. l'ange du grand conseil », etc., par Jean Brazi, ministre de la Parole de Dieu en l'Église réformée dudit Pfaltzbourg; « *Colonne de Diamant érigée sur le cénotaphe*, ou tombeau vide basti par Me Est. Bouchard, Dr hérétique, à trois facultés de médecine, grec et poésie, enrichie de notes et apostilles », par le R. P. Nic. Oudé de la Compagnie de Jésus, Pont-à-Mousson, 1622. Dans la *Religion prétendue mourante*, le R. P. Oudé appelait déjà Bouchard ce « médecin huguenot... plus propre à faire mourir les âmes qu'à ressusciter les corps..., qui tranche de philosophie et de théologie, et règne entre les siens comme un borgne entre les aveugles ».

(2) Voir plus haut, page 32.

payait pour le rachat de pillages que ce rachat n'empêchait point, payait et voyait sa maison brûler au départ des troupes, payait et mangeait des racines, des feuilles sèches, parfois des cadavres : par les chemins qui descendaient de Phalsbourg dans la plaine, un certain capitaine Rüst, surnommé La Plante, chef de partisans, *incorrigibilis adulter, mördrischer concussor*, distribuait la mort aux passants de toutes les conditions, *sowohl publicis als privatis, ohne distinction*, dit le procureur qui l'accabla sous des épithètes en trois langues, quand il fut pris, au bout de dix ans.

A travers toutes ces vicissitudes, la marche de la France se dessinait, continue, persévérante, sûre de soi, inéluctable : les Lorrains, qu'ils le voulussent ou non, les moines, les Suédois, c'était déjà un peu d'elle. Enfin Louis XIV vint, et conclut : conclusion qui n'était pas de hasard, mais consciente et logique, la résultante d'un patient effort diplomatique et militaire pour la liberté du passage à travers la Lorraine et les Vosges. Phalsbourg cédée par le duc de Lorraine au roi (28 février 1661), en toute souveraineté et propriété, c'était, pour Sa Majesté, le chemin qui pourrait « servir à ses Sujets et à ses Troupes quand Elle voudra, pour aller de Metz en Alsace sur ses Terres, sans toucher les Estats dudit Sieur Duc... » (1) Bientôt après, la place fut fortifiée : une ceinture de bastions et de demi-lunes,

(1) Article XIII du texte du traité. Cf., pour la continuité de ce dessein de la France, article XIV du même traité : « Est convenu en outre, que le chemin cy-dessus commencera depuis le dernier village du Païs Messin entre Metz et Vic, jusques à Phalsbourg inclusivement, et appartiendra en toute souveraineté à Sa Majesté sans aucune interruption pour la longueur, et aura de largeur demi

géométrie magnifique, — marque de Vauban; deux portes, la « Porte de France » et la « Porte d'Allemagne », avec leurs boucliers, leurs glaives, leurs étendards, leurs couronnes, leurs soleils de pierre, — marque du roi.

Aussi bien ne pouvait-il suffire à la France de l'avoir acquise et fortifiée. Dans le mauvais chemin de montagne qui servait seul jusqu'alors au passage du col, les équipages du roi, au retour de Strasbourg, en 1681, se seraient embourbés lourdement, sans le renfort de quatre cents chevaux réquisitionnés par l'intendant d'Alsace. Inutile Phalsbourg, si on n'en faisait pas une tête de route, par où relier plus commodément à l'intérieur du royaume l'Alsace française! Au commencement du règne de Louis XV fut jetée entre Saverne et Phalsbourg, entre l'Alsace et la Lorraine, cette somptueuse et robuste chaussée, grimpante sans rudesse grâce à ses serpentements habiles, chef-d'œuvre de l'art des routes, qui fut fort à la mode parmi les contemporaines (elles portèrent des chaînes en spirales *à la montée de Saverne)* et qui fait encore aujourd'hui l'admiration des techniciens. Louis XV convalescent, Marie-Antoinette fiancée, et, pendant plus d'un demi-siècle, tous les invités des Rohan de Saverne, — tant de jolis cortèges l'ont foulée, qu'on y entend toujours

---

lieuë de Lorraine en tous endroits... »; antérieurement, article VII du traité de Vic (1632) : « ... Ledit sieur Duc promet non seulement donner seur et libre passage par ses États aux Armées de Sa Majesté pour entrer en Allemagne... »; ultérieurement, article VI des Lettres patentes du duc Léopold Ier à la suite du traité du 21 janvier 1718 : nomenclature, modifiée, des villages qui seront compris dans la « demi lieuë de route » à laquelle le roi de France a droit.

passer dans le bruissement des feuilles le rythme délicieux et mélancolique des *Trois Marches de Marbre rose*...

***

... Mais Phalsbourg paya cher tant d'honneurs. Parce que Louis XIV la voulut pour avoir le chemin libre et précipiter malgré les caprices de l'indépendante Lorraine l'achèvement de l'unité française; parce que Vauban l'assura sur son roc comme pour l'éternité; parce que sa route apparut au jeune Gœthe, terminant ici son tour d'Alsace, comme « la digne entrée d'un grand royaume » (1); parce que Hoche, dans une séance de la Société Populaire de Phalsbourg, définit son rôle par ce mot d'ordre enflammé : « Votre place demeure, en ce moment, la seule clé des Vosges; battez-vous, battons-nous contre les ennemis, nous avons du fer, du courage, nous vaincrons »; parce qu'elle déversa sur la plaine des bataillons innombrables, dernière étape sur le sol de la patrie dans l'élan de la Révolution vers l'Europe; pour toutes ces grandes raisons nationales qui l'avaient mise à l'honneur, — quand les mauvais jours vinrent, dès la première étape de l'invasion, elle fut à la peine. 1814. 1815. Deux sièges en moins de deux ans. Si l'on pouvait tourner Phalsbourg, ce n'était qu'au risque de mille difficultés, lenteurs et périls : passer sous son canon, laisser la place derrière soi, menaçante, peiner sur des chemins de fortune, comme celui qui s'appelle encore dans le pays

(1) *Wahrheit und Dichtung*, livre 10 : « ... gelangten wir früh den andern Morgen zu einem öffentlichen Werk, das höchst würdig den Eingang in ein mächtiges Königreich eröffnet. »

Chemin des Cosaques ou *des Alliés;* la grande chaussée, seule pratique pour des armées et leurs munitions, traversait la ville même, et Phalsbourg, si elle se défendait, en intercepterait l'usage à l'ennemi. Aussi, quoiqu'elle fût mal en état de résister, — la France impériale avait débordé la France à l'infini, et, les places frontières n'étant plus que des villes intérieures, on ne pensait plus qu'elles auraient à reprendre un jour leur rôle, — Phalsbourg résista pourtant. Le premier siège dura plus de trois mois, le second près de six semaines. En 1815 comme en 1814, ce n'est pas à l'ennemi qu'elle se rendit, mais au drapeau blanc. Et la paix faite, elle restait française.

Elle reprit donc sa jolie existence, à la fois brillante et modeste, de petite ville militaire, fière de ses gloires récentes. Phalsbourg, la *Pépinière des Braves*, avait dit l'Empereur. Phalsbourgeois, François-Joseph Gérard, entré aux hussards en 1787, puis, par la Révolution et l'Empire, par Mayence, l'Espagne et la Bérésina, sous-officier, officier, général de division, baron, grand-officier de la Légion d'honneur; Phalsbourgeois, Rottembourg, soldat au Royal-Hesse-Darmstadt en 1784, puis, par la Révolution et l'Empire, par Mayence, le Mincio, Vérone, Iéna, sous-officier, officier, général de division, baron, grand-croix de la Légion d'honneur; Phalsbourgeois enfin, le plus illustre de tous, Georges Mouton, engagé volontaire au 9e bataillon de la Meurthe en 92, le héros du pont de Landshut et de l'île Lobau, aujourd'hui maréchal, pair de France, commandant supérieur des gardes nationales de la Seine; ah! celui-là, le fils du boulanger de la rue du Rempart, malgré les grades, malgré les honneurs, malgré la femme que l'Empereur lui avait donnée « pour assurer le repos de son cœur ombrageux », une aristocrate de haute lignée, descendante des princes souverains de Neuchâtel, — il était resté « peuple », et carrément de son pays; Vosgien solide, un peu rude, strict sur la discipline et brave homme, n'aimant pas les discussions inutiles dans le service : « Trêve d'écritures », répondait-il à un aide de camp dont les réclamations le fatiguaient (1); ni les propos de vanité dans son salon : quand on parlait généalogie et blasons, il renvoyait à la maréchale... Des années passent. Des régimes aussi. La tradition subsiste. Cette petite ville n'était qu'une grande place d'armes. Tout le monde y était soldat, ou rêvait de l'être. Échos et gestes par où se transmettaient deux siècles de grands souvenirs, les sonneries de clairon, les parades, la musique du jeudi et du dimanche, le « rapport », les consignes aux sentinelles, toute l'allègre régularité de la vie militaire déterminait la carrière des enfants : recrutement facile, spontané, enthousiaste de l'avenir par le spectacle quotidien du présent, quand il y a une telle intimité, de leurs existences et de leurs cœurs, entre le civil et le militaire. Phalsbourgeois de naissance ou d'adoption, l'officier retraité restait là, trouvait à s'occuper : des affaires municipales, comme Rolfo, premier adjoint; parfois, timidement, de la politique, ainsi Charpentier, « chef d'escadron retraité à 2.000 francs », Giraud-Tixier, capitaine, le colonel Metzinger, qui sont « électeurs adjoints au Collège

(1) Cf. *Journal des Débats*, n° du 27 mai 1880, à propos de la mort de la maréchale Lobau; — Castellane, *op. cit.*, page 18.

électoral »; il siège aux assises ou répartit des indemnités; lieutenant Cabanier, commandant Colli gnon, capitaine Lang, capitaine Lebrun, « jurés non électeurs », général Thierry, capitaine Nicolini, du jury d'expropriation; l'un même, le colonel Uhrich, délégué cantonal au demeurant, se découvre archéologue, envoie des notices à la Société d'Archéologie Lorraine sur deux Mercures et un cippe votif à Jupiter et Apollon qu'il a rencontrés dans les « montagnes qui avoisinent Phalsbourg » (1)... S'il avait des fils, il rêvait pour eux un avancement qu'il n'avait pas eu lui-même — forme militaire du rêve éternel des pères — et souvent ce rêve se réalisait. Des Phalsbourgeois officiers, fils de militaires ou de bourgeois, de capitaines en retraite ou de portiers-consignes, de serruriers ou d'auber gistes, il y en avait partout à travers le territoire; de Phalsbourg on les suivait, on en savait le nombre, qui ils étaient, où, sans avoir besoin de l'Annuaire, par cœur : Uhrich, l'autre, le frère du retraité? général commandant la 16e division, à Rennes (2); Micheler? à Rome, commandant la 2e brigade de la division d'occu pation; Charras? en exil, après avoir été lieutenant colonel à trente-huit ans; Hirsch? capitaine à Ver sailles, au 2e régiment des grenadiers de la garde Gangloff? au 40e de ligne; et Logerot (3), le gendre de madame Lecker, et les trois fils du sacristain Strauch.. Je connais un Phalsbourgeois qui a couru le monde e qui, après cinquante ans passés au loin, n'hésite pas

(1) *Journal de la Société d'Archéologie et du Comité du Musé Lorrain*, 5e numéro, août 1852.
(2) Celui qui sera gouverneur de Strasbourg en 1870.
(3) Futur ministre de la guerre, dans le cabinet Tirard (1887-1888)

sur le numéro des régiments : « Lors de l'arrivée du 32ᵉ de ligne, qui revenait de Crimée... » Leurs remparts, leur garnison, ils les aimaient comme leur raison d'être. Ils les aimaient, non sans orgueil : il y avait quelque chose d'eux-mêmes, d'eux tous et de la cité dans le *Conscrit de 1813*, dans *le Blocus*, dans *Waterloo*, dans toute l'œuvre d'Erckmann-Chatrian, Phalsbourgeois de Phalsbourg ou Lorrain d'à côté; il ne leur déplaisait point que leur petite ville — trois cents mètres à peine sur quatre cents, qui avaient déjà fait beaucoup de bruit dans le monde! — apparût à des milliers et des milliers de lecteurs dans des visions d'épopée; et si la voix de l'horloger Goulden, du petit Joseph, son apprenti, de la tante Grédel et de Catherine, s'attendrissait parfois, s'il se mêlait au courage des braves gens un regret du clocher, des Maisons-Rouges, des Quatre-Vents, des Baraques-du-Bois-de-Chêne, de toutes ces maisonnettes pittoresques qu'on voit de Phalsbourg, d'où l'on voit Phalsbourg, pourquoi ne s'y reconnaîtraient-ils pas quand même? l'Ancien en personne, le valeureux Mouton — qui était pourtant un lion : plaisanterie de Napoléon (1) — n'avait-il pas osé dire, la veille d'Austerlitz, tandis que cent mille soldats acclamaient l'Empereur : «... Ne vous y méprenez pas... La France est trop belle pour qu'on aime à rester si longtemps séparé d'elle. Dans cette joie de la bataille de demain, il y a l'espoir d'en finir »? (2)... Ils l'aimaient si passionnément, leur ville militaire, qu'ils attribuèrent toujours à une haute et tenace rancune les

(1) Elle est rappelée sur le piédestal de la statue de Lobau, à Phalsbourg : « *Mon Mouton est un lion.* »

(2) De Ségur, *op. cit.*, page 5.

mesures par lesquelles on diminuait l'importance de sa garnison : un régiment remplacé par un bataillon, par un dépôt, par quatre compagnies qui ne formaient pas corps, et tout le monde allait rappelant l'ardeur des républicains de 48, de M. Germain, qui ne jurait que par Charras, d'Erckmann (1), du Dr Léman; qu'au 10 décembre Phalsbourg avait « voté Cavaignac » (2), et qu'au passage du prince-président, en 1850, on avait un peu trop crié : « Vive la République! »... Ils l'aimaient si fidèlement que, même quand on eut fait sauter des quartiers de montagne, percé des tunnels, posé des rails au-dessous d'elle, même quand on put aller de Strasbourg à Nancy et à Metz sans passer par elle, même alors, si la *Ville-de-Bâle,* sur la grande place, s'attrista de ne plus voir de diligences, si Phalsbourg prévit le « manque à gagner » que le progrès lui coûterait, personne ne l'abandonna... Il fallait autre chose...

Dans la petite ville lorraine, le mouvement et la joie des grands jours militaires. Défilés de régiments, étendards et drapeaux déployés, qui vont se concentrer en Alsace, descendent vers le Rhin, — « *et leur âme chantait...* » Quelques jours de fièvre, d'enthousiasme... Puis, tout de suite, le 6 août, vers neuf heures du soir, un

(1) Le père du romancier.
(2) Comme on dit encore dans le pays. Tandis que les autres cantons de l'arrondissement de Sarrebourg donnaient à Louis-Napoléon des majorités considérables, dans celui de Phalsbourg, en effet, la différence fut très faible : Bonaparte, 2.007 voix, Cavaignac, 1.738. (*Journal de la Meurthe et des Vosges,* n° du 15 décembre 1848)

soldat originaire du pays, des Quatre-Vents, entre en ville, affolé, avec d'autres, qu'il a ramenés par la vallée de Dossenheim; après ceux-là, dans la nuit, quelques cuirassiers, misérables débris des charges immortelles... C'est la défaite qui passe, maintenant. Le matin du 7, à cinq heures et demie, le Maréchal lui-même. L'homme qui était resté, impassible, sur la tour minée de Malakof et qui avait triomphé dans le soleil de Magenta, le voilà, — en retraite. Sur la Place d'Armes, sur les glacis, des milliers d'hommes se suivent, s'entassent, repartent... Le 10, à huit heures du matin, un officier prussien devant le bastion n° 1 : parlementaire ! Le chef de bataillon Taillant, commandant la place, refuse la capitulation réclamée. A midi, nouvelle démarche; nouveau refus. Dix batteries ouvrent le feu sur la ville... Le 14, nouveau parlementaire; nouveau refus; nouveau bombardement; l'église, la poste, le quart des maisons sont en feu. Le maire, Bender, au nom de la population, demande au commandant de continuer la défense. Déjà, celui de 1814, Parmentier, dont le souvenir est resté vivant à Phalsbourg, avait dit : « Si l'ennemi vient jusqu'à nous, nous le recevrons en Phalsbourgeois, je veux dire en patriotes »... Les troupes d'investissement se succèdent autour de la ville, les parlementaires aux bastions, toujours en vain. Des nouvelles circulent, vraies, fausses, communiquées par les parlementaires, apportées par des mobiles qui viennent rejoindre leur poste, nées on ne sait où, partout, nulle part, dans l'air qu'on respire : le roi Victor-Emmanuel arrive au secours de la France; le prince Charles, devant Metz, a demandé un armistice à Bazaine; Napoléon *s'est rendu* à Sedan avec

80.000 hommes, — verbe à double sens qui échauffa également les optimistes et les pessimistes; grande victoire de Mac-Mahon à Chaumont, le kronprinz prisonnier; proclamation de la République; bataille du Mont-Valérien, 150.000 Prussiens hors de combat. Pendant ce temps, le canon tonnait toujours du côté de Strasbourg : une sortie? une bataille, et Strasbourg débloquée? — On ne sait rien. Un troisième bombardement, le 31 août; un quatrième, le 15 septembre; un cinquième, le 25 novembre... On sait, maintenant; on sait que toutes les bonnes nouvelles étaient fausses; toutes les mauvaises, vraies. Uhrich, gouverneur de Strasbourg, a dû rendre la place; Metz a capitulé; les Allemands sont vainqueurs, jusque sur la Loire... Le lundi 12 décembre, à midi, le commandant Taillant écrit au major de Giese : « Le trop grand éloignement de l'armée française et la famine qui torture les habitants, les blessés, les prisonniers de guerre, mais qui ne saurait nous dompter si nous étions seuls ici, ne nous permettent pas de continuer la lutte... » Phalsbourg avait tenu quatre mois... Les plénipotentiaires allemands et leur escorte arrivent devant la Porte de France, l'officier, de son épée, frappe la porte qui s'ouvre, le poste allemand relève le poste français : tout était fini.

... Alors, on partit... A Phalsbourg comme ailleurs, les vainqueurs étaient entrés dans une ville qui ne voulait pas d'eux. Phalsbourg n'était plus à la France; les Phalsbourgeois n'étaient plus chez eux dans Phalsbourg. L'article 2 du traité de paix était formel : on ne pourrait pas à la fois rester dans le territoire annexé, et rester Français. Sans doute, la prise de possession ne se manifesta pas ici par de particulières rigueurs. Même, on ne lésina pas sur les indemnités : dégâts causés dans Phalsbourg par les bombes de l'assiégeant, autour de Phalsbourg par le tir de la défense, le fonctionnaire allemand régla tout, assez largement. A vrai dire, il ne connaissait pas grand chose, de la ville, ni de ses habitants, il était contraint, pour s'acquitter de sa besogne, de s'enquérir auprès de l'un, auprès de l'autre, et les conseilleurs s'entendaient à faire payer le payeur : plus d'un qui arrivait inquiet à la boucherie Lutz, rue Mercière, où était installé le bureau de la perception, s'en retourna sa brouette pleine de pièces de cent sous, des pièces toutes neuves provenant des versements français, un peu des cinq milliards, « autant de repris »... Parfois même, innocemment ou non, l'histoire ne le saura jamais, on embarrassa fort le pauvre homme : quelques-uns, qui figuraient encore sur les rôles, avaient déjà quitté le pays, quelques autres avaient même quitté ce monde, et la question fréquente du fonctionnaire : « Où est-il, celui-là, maintenant? » recevait souvent la même réponse : « Au Père-Lachaise ». Il finit par demander où était ce Père-Lachaise, et pourquoi il attirait tant les Phalsbourgeois... Maigre vengeance, dont on riait le soir au café; mais non dépourvue de valeur symbolique. Ces vainqueurs étaient des étrangers. Étrangers aux plaisanteries de la petite ville, mais aussi à sa langue, à son esprit, à toute sa vie. Point d'incidents graves ni bruyants; mais l'opposition du moi et du non-moi, et cela suffit; là contre, les indemnités ne peuvent rien. Hier, discussion de la municipalité avec le fisc : la ville payait 630 francs par an à l'État français pour participation aux frais de casernement; les Allemands, maintenant, demandent 4.000 francs. Aujourd'hui, discussion avec la sous-préfecture : le nouvel instituteur catholique ne sait pas le français, or, plus du tiers des élèves ne comprend pas un mot d'allemand, les deux autres tiers ne savent ni lire ni écrire cette langue... Au collège, on ne fut pas tout de suite aussi absolu. Fondé en 1806 par le maire Parmentier, qui avait obtenu à cet effet les bâtiments de l'ancien couvent des Capucins, le collège de Phalsbourg avait une grande réputation, non-seulement dans toute cette région lorraine, mais encore dans l'Alsace voisine : comme Phalsbourg était de belle et bonne langue française, beaucoup d'Alsaciens y envoyaient leurs enfants pour éviter qu'ils ne gardassent, en grandissant, l'accent des premières années, et il y avait toujours à Phalsbourg soixante ou quatre-vingts internes, Alsaciens; même quelques Allemands. Reviendraient-ils, si le français était proscrit du jour au lendemain?... On continua d'y enseigner, non-seulement le français, mais encore, partiellement, en français. Pourtant, le non-moi apparaissait toujours, irritant, dans la surexcitation générale de l'heure. Presque tous les professeurs étaient partis ou se préparaient à partir; les remplaçants venaient, presque tous, d'Allemagne; un d'eux, qui avait vécu en France, le professeur de latin, comprenait la situation, mais les autres!... Coups de férule, et *Franzosenkopf!*... je ne veux pas refaire des caricatures connues, et qui ne sont pas toujours des caricatures... Et puis, le professeur de mathématiques prononçait *virjule,* — ce qui n'était qu'un accident, un prétexte à tumulte dans la classe, à moquerie en famille, — mais le professeur de latin prononçait *dominous*, et *caousa*, et *tertsia*, par où une habitude germanique s'infiltrait, indéfectible et caractéristique pour la vie; et quand on allait à la promenade, sur la route de la Petite-Pierre ou sur celle de Saint-Jean, les enfants des nouveaux-venus entonnaient la *Wacht am Rhein;* et l'on n'apprenait plus le passé de la France, mais l'histoire d'Allemagne, la gloire de *Barbarossa* et de bien d'autres, et, le 22 mars, fête de l'empereur Guillaume, on entendait célébrer pieusement ses vertus de souverain, d'homme et de vieillard, *Herrscher, Mensch und Greis*... C'était, à la suite des armées, l'Histoire qui approchait, d'autres noms, d'autres faits venant occuper dans les esprits la place éminente, la prise des âmes par des traditions étrangères, hostiles... Oui, vraiment, tout les poussait dehors. Il y avait sans doute une philosophie dans l'article 2 du traité; rester Français dans Phalsbourg allemande, rude entreprise, peut-être... Alors, tout doucement, presque en cachette, on allait à Mittelbronn, à une demi-heure de marche, chez le comptable de la carrière, ancien séminariste, passionné de géométrie, qui enseignait la terminologie française des mathématiques; ou, à Phalsbourg même, chez le rabbin, qui redressait le *dominous* en *dominus;* puis, un beau matin, on partait pour Nancy, prêt à entrer au lycée, pur de tout germanisme, sans tare. Et les parents suivaient, dès qu'ils pouvaient.

... « Tout le monde est parti. » « Toute *la société* est partie. » « La ville est décapitée. » « *Tout ce qui pouvait* partir, est parti. » Voilà les formules où se définit et se résume, dans la mémoire des témoins et de leurs fils, quarante ans après, la situation des années qui suivirent la guerre, et, de ces expressions, la dernière, grammaticalement neutre, n'est pas, si l'on y réfléchit, la moins précise ni la moins forte. Ils s'en allèrent, un départ entraînant l'autre, les retraités, les bourgeois qui pouvaient « réaliser » rapidement ou qui avaient un peu d'argent devant eux, comme on dit; puis des paysans aussi, qui auraient pu continuer à vivre là tranquillement et qui — trente ou quarante familles — vendirent leurs terres, pour partir en Algérie, où le gouvernement français et la « Société d'Haussonville » leur en offraient de nouvelles; des scribes et des manœuvres, cinquante ou soixante introduits « au chemin de fer, à Paris », par un des leurs, qui était déjà dans la place; et des centaines d'autres, dont on retrouve la trace au hasard des conversations particulières : toujours le même drame, la même date : « De Phalsbourg à Toul », 1873, « Des Baraques-de-Chêne à la rue du Temple », 1875... Aujourd'hui encore, quand les carrières des environs ne les nourrissent plus, parce que la pierre blanche fait trop de concurrence à la pierre rouge et la meule d'émeri à la meule de grès, les ouvriers ne vont pas à Vallérysthal ou à Niderviller, verreries et faïenceries voisines, qui les sollicitent : puisqu'il faut partir, ils vont plus loin, à Lunéville ou à Baccarat... Un millier de personnes environ sont parties, sur trois mille à trois mille cinq cents que comptait Phalsbourg avec ses dépendances. Depuis, peu à peu, les vides ont été comblés : des gens sont venus d'alentour, de la campagne, se repliant sur la ville, ou de plus loin, d'au-delà du Rhin, employés de l'administration, sous-officiers rengagés; quelques boutiquiers aussi. Image assez exacte de la population ainsi défaite et refaite : on ne trouve plus dans le Conseil municipal les noms qui y figuraient d'habitude, avant la guerre, — Bender, Hoffer, Antoni, Aron, Reeb..., — il se compose à peine pour la moitié de Phalsbourgeois de Phalsbourg, les autres étant des environs, un seul, d'Allemagne... Éléments honorables, mais qui succèdent et ne remplacent pas. « Phalsbourg est décapitée. » Écoutez tous les anciens Phalsbourgeois, et tout de suite un mot célèbre de Talleyrand vous revient à la mémoire, s'adaptant de lui-même à l'histoire de la petite ville : qui n'a pas vécu à Phalsbourg avant la guerre, n'a pas connu la douceur de vivre. Et ce n'est pas seulement parce que leur jeunesse est partie. De leur ville d'autrefois, qui avait une personnalité, une tradition, une âme, de cette atmosphère heureuse, intelligente et fine, qui enveloppait et pénétrait jusqu'aux plus modestes et les haussait à une manière d'aristocratie, il ne reste que le regret; de cette fierté militaire, joyeuse, vaillante, — que la satisfaction, silencieuse et comme voilée, de suivre par-dessus la mauvaise frontière, toujours sans avoir besoin de l'Annuaire, les promotions de ceux qui sont partis, des Hotz, des Uhrich, des Brissé, des Teissier, des Hollender, des Micheler...

Pourtant, les portes de Louis XIV sont là, et les casernes de Vauban, et la Place d'Armes, Lobau au centre, en grande tenue de bronze, et, le long des rues qui se coupent à angle droit, les maisons alignées comme à la parade; voici le collège, la mairie, la halle où l'on célébra le service divin pendant le siège, après l'incendie de l'église, et la jolie maison du « lieutenant de roi », avec sa couronne royale, où le commandant Taillant avait son bureau; voici encore, sur la route des Quatre-Vents, la ferme qui appartenait à Lobau, et même (les personnages de ces romans-là ne vivent-ils pas autant que les grands morts de l'histoire?) là, près de la Porte de France, en face de l'ancien *Bœuf-Rouge*, la maison d'où le petit Joseph Bertha et son patron aperçurent, un matin de 1812, Napoléon penchant la tête par la portière de sa voiture, parce qu'un cheval de l'escorte venait de s'abattre sur le poteau du boucher Klein... Vous le voyez, rien n'a changé dans la petite ville. Ceux qui reviennent, s'y reconnaissent. Elle dort, donc elle vit... Non. Elle semble dormir, comme si elle vivait encore. Ils s'y reconnaissent, mais ils ne la reconnaissent pas. Les remparts : pierre par pierre, presque tout a été transporté à Strasbourg, pour servir aux nouvelles fortifications de la ville! hommage involontaire à la solidité des matériaux de Vauban, économie de prodigue, dont l'instigateur, si je ne me trompe, est mort fou; le reste, morceaux de bastions et de demi-lunes, souvenirs dépareillés et fossiles, par où se précise avec peine à l'imagination la forme du passé disparu. Dans le collège désaffecté (sa « clientèle » était partie en France), on a installé une école normale; dans la caserne d'infanterie, un pénitencier : encore des successions qui ne sont pas des remplacements, utilisations de locaux vacants pour un service départemental, — mais en marge de la ville. La caserne de cavalerie est restée caserne; même y apparaissent toujours, gravés dans la pierre, des numéros de corridors qui ont un grand air d'épigraphie louis-quatorzienne; mieux encore, des mots français, assez fraîchement peints, ceux-là, mais dans un ordre singulier : *Offizier-Pavillon*... Et cela dit tout : la caserne est toujours caserne, Phalsbourg a toujours une garnison, mais on sait laquelle, et, comme dit avec une énergique simplicité la langue populaire, le cœur n'y est plus...

... Vers 1870 vivait à Phalsbourg (on m'y a souvent conté cette histoire autrefois) un malheureux hébété qui entendait à peine, articulait mal, des bribes de patois, et n'avait jamais compris grand chose à quoi que ce fût. Mais, quand il voyait les soldats défiler, avant la guerre, sa figure s'éclairait, il saluait, la main au front, manifestait bruyamment sa joie; le dimanche, il en venait toujours quelques-uns à la maison, où le père, ancien sergent-major, aimait à raconter des histoires d'Algérie; alors, innocent heureux, il les servait, les fêtait, tolérait leurs bourrades, faisait chorus à leur verbe haut... Un jour, après quatre mois de tumulte qui l'avaient laissé tranquillement identique à lui-même, il vit arriver, billet de logement en main,... des chasseurs de Brunswick. Quelle mystérieuse lueur dissipa soudain les fumées de son cerveau? A ceux-là rien ne fut permis. S'ils s'agitaient dans la petite cour, s'ils faisaient trop de bruit en jouant aux cartes, s'ils criaient, même s'ils riaient un peu fort, notre homme mettait un doigt sur ses lèvres et prononçait, correctement : « On n'ose pas! »... Je n'ai jamais revu Phalsbourg sans penser à ce geste d'un simple... La ville est silencieuse; et « l'on n'ose pas » troubler ce silence, quand on est Français, ni en sourire, ni en distraire sa pensée : dans Phalsbourg vivant, il y avait trop de France, et son silence est fait de trop de choses mortes, qui étaient françaises...

MULHOUSE-BELFORT

MULHOUSE-BELFORT

Dans un même département français, deux sous-préfectures, l'une, ville industrielle, l'autre, ville militaire; la frontière, déplacée par la guerre de 1870-71, les séparant soudain; la répercussion du fait brutal sur leur caractère ou leur développement; la transfusion partielle de l'une dans l'autre et l'intimité étroite entre les deux, conséquences singulières de cette scission : tout ce drame complexe, économique et sentimental, c'est la vie même de Mulhouse et de Belfort, telle que l'a faite le traité de Francfort.

Antique agglomération urbaine autour d'un château fortifié, Belfort porte un nom qui dépeint son séculaire aspect et qui résonne de toute son histoire (1). A vrai dire, on rencontre dans la ville les vestiges d'un

(1) Cf. SCHŒPFLIN, *Alsatia illustrata*, tome II, page 44 : « *Castrum ab amœnitate situs, vel praestantia munitionis, nomen suum traxisse videtur* » ; — et *Mémoires de deux voyages, op. cit.*, page 213 : « C'est une des clefs de l'Alsace, et la situation avantageuse de son château lui a fait donner le nom de Belfort. »

établissement industriel ancien et de très haute origine : la forge de Mazarin, que le cardinal trouva dans son domaine de Belfort, lorsque Louis XIV lui eut fait don de quelques seigneuries de la haute Alsace pour le récompenser du traité des Pyrénées, forge alors ruinée par les guerres, aussitôt relevée par les soins du cardinal, puis exploitée par ses héritiers. Aujourd'hui encore, si l'usine d'outre-Vosges qui s'est installée, il y a vingt-cinq ans, dans les débris de l'établissement de Mazarin, jouit d'un droit de prise d'eau d'un mètre dans l'étang de Malsaussé, c'est en vertu d'une autorisation consentie, le 2 juillet 1671, par les propriétaires de l'étang, à « Mgr Armand Charles, duc de Mazarini, pair de France et comte de Belfort »... Mais la forge de Mazarin ne fut jamais qu'un bien de famille. Belfort était ville de guerre, et le resta. « *Alsatiae et Lotharingiae securitas* » : de ce titre l'honorait déjà, peu après la paix de Westphalie, une médaille commémorative de l'entrée des Français. Sous ces murs, dans une maison du Valdoie, Turenne dormit sa dernière nuit avant son intrépide chevauchée de l'autre côté des Vosges, dont les Impériaux devaient apprendre, trop tard pour eux, l'étonnante nouvelle. Quelques mois après, en 1675, Vauban vint pour la première fois à Belfort, puis il y revint, pendant près de trente ans, jusqu'à la fin de sa carrière, bâtissant sur l'heure un Belfort nouveau, ville et remparts, mais rêvant plus grandiose encore, puisque le camp retranché de 1792 ne fut que la réalisation d'un projet de Vauban, abandonné par Louvois faute d'argent. Sans trêve, au cours du dix-huitième siècle, dans Belfort, chantier permanent, les constructions militaires se pressent le long du mur d'enceinte,

« Quartier du Moulin », « Quartier de l'Hôpital », « Quartier à droite de la Porte de France », « Quartier à gauche de la Porte de France », pavillon pour les officiers de cavalerie, pavillon pour les officiers d'infanterie, arsenal, manège pour la garnison... Un après-midi d'octobre 1790, contre les officiers du Royal-Liégeois dont les cris vouaient *« au diable la nation ! »*, la résistance civique fut menée par l' « inspecteur des bâtiments du district », un Strasbourgeois de naissance, carrure et cœur de soldat : Kléber; en 1814, dans la ville bloquée quatre mois, le commandant Legrand, malgré toutes les sommations, refuse de se rendre; en 1815, le général Lecourbe, par « dix combats livrés ou soutenus », défend le sol pied à pied, « des portes d'Huningue aux murs de Belfort » (1); sous la Restauration, un colonel et quelques lieutenants complotent au nom de la cocarde tricolore... Bouillonnements de cerveaux militaires, belle tenue à l'ennemi : Belfort a connu tous les cliquetis des villes de garnison, tous les tumultes des places de guerre.

Dans l'étymologie de Mulhouse, point de château fort, dans ses armes point de « tour pavillonnée d'or, girouettée d'argent », mais, simplement, une roue de moulin, agreste, industrieuse : Mulhouse, *Mulnhusen*, de son vieux nom germanique, un moulin entouré de maisons. Jusqu'en 1845, la force armée n'y fut représentée que par un maréchal des logis de gendarmerie,

(1) Ordre du jour du général Lecourbe, du 23 juillet 1815.

après 1845 — et jusqu'en 1864 seulement! — par deux compagnies d'infanterie, logées dans des casernes qui étaient d'anciennes usines. Ville libre impériale, puis, au quinzième siècle, République, toujours obligée de se défendre, contre l'évêque de Strasbourg, contre les grandes Compagnies, contre Charles le Téméraire, contre la maison d'Autriche; d'abord, membre de la Décapole alsacienne, mais souvent abandonnée à ses propres forces parce qu'elle était perdue à l'extrémité du pays, puis alliée aux cantons suisses, mais plus d'une fois en lutte avec eux pour des questions de religion ou de juridiction, — à Mulhouse s'était développé un esprit proprement mulhousien, comptant sur soi beaucoup plus que sur les autres, d'une indépendance rude à manier parfois, même quand le cœur se donne, et qui ne s'amollit nullement, au contraire! dans l'existence heureuse et large qu'elle allait devoir à son industrie.

On sait ce que fut ce magnifique développement. Déjà, un touriste du dix-septième siècle, ayant vu les Mulhousiens, disait d'eux : « Ce sont tous gens de commerce et de métiers, tels qu'ils sont dans les républiques démocratiques », (1) mais, jusqu'au milieu du dix-huitième, ce ne furent que petit commerce et petits métiers : des draps communs et des cuirs pour les campagnes environnantes, production limitée par la prudence du « Magistrat » (2) et la jalousie des corporations. Un jour de 1746, une association se forma, qui allait déterminer pour Mulhouse toute la suite de son

(1) *Mémoires de deux voyages, op. cit.*, page 72.
(2) La Municipalité.

histoire. J.-J. Schmaltzer, un jeune Mulhousien qui avait appris, à Bar-le-Duc et à Neuchâtel, l'industrie de l'*indienne,* J.-H. Dollfus, peintre, et Samuel Kœchlin, ancien négociant, le « capitaliste » de l'affaire, s'associèrent pour la fabrication des toiles peintes, sous la raison sociale Kœchlin, Schmaltzer et Cie. Ce fut l'acte de fondation de l'industrie mulhousienne. Analogues au petit établissement de la rue Fritschmann (1), quinze maisons, en vingt ans, se créèrent, puis, successivement, comme si elle poursuivait le grand dessein de se suffire à soi-même, ambitieuse et logique, l'industrie mulhousienne ne se contenta pas d'imprimer sur étoffes, elle voulut produire aussi l'étoffe sur laquelle elle imprimait, les couleurs qui servaient à l'impression, les machines pour fabriquer l'étoffe : admirable ensemble d'industries textiles, chimiques, mécaniques, qui a fait la gloire de Mulhouse et de sa région.

Les bouleversements politiques eux-mêmes se mirent à son service. Pendant la Révolution, du jour où la République de Mulhouse, alors alliée de la Confédération helvétique, se fut réunie à la France (1798), toutes les entraves tombèrent : plus de corporations pour limiter sa production, plus de douanes françaises autour d'elle pour arrêter ses marchandises au passage. Sous l'Empire, les décrets de 1808, fermant le royaume d'Italie aux toiles de coton qui ne provenaient pas du territoire impérial, ouvrirent à la production mulhousienne un nouveau marché considérable. Même la triste fin de l'épopée et, depuis, les agitations où d'autres régimes sombrèrent, journées de juillet ou

(1) Depuis : rue de la Loi.

journées de février; même l'émeute pour la cherté des grains en 1847 ou la « famine du coton », conséquence de la guerre américaine de Sécession, toutes ces causes, politiques ou sociales, locales ou générales, ne marquèrent jamais dans le développement de Mulhouse que des temps d'arrêt très courts, suivis de reprises immédiates, et l'on peut dire que le développement de Mulhouse français fut aussi régulier qu'extraordinairement rapide : 70.000 habitants en 1870 (6.000 en 1798, lors de la réunion à la France), 12 millions de francs de salaires, pour le seul textile, 10 millions de francs d'affaires, rien que pour les machines, et, dirigeant, animant tout cet organisme, une bourgeoisie puissante et riche. Richesse qui n'était point de prébendiers sans audace : l'un d'eux, Nicolas Kœchlin, fut le créateur des premiers chemins de fer alsaciens. Richesse qui n'était pas de routiniers et d'ignorants : comme ils avaient travaillé eux-mêmes, parfois de leurs mains, ils savaient l'importance des détails, d'une eau sans calcaire, d'un ressort ingénieusement modifié ou d'un colorant nouveau : d'où la fondation, dès 1826, de leur célèbre Société Industrielle, avec ses comités de chimie, de mécanique, puis de commerce, d'histoire naturelle, d'histoire et de statistique. Richesse qui n'était point d'égoïstes : ils n'étaient pas riches depuis longtemps, ils étaient du pays, connaissaient leurs ouvriers, étaient connus d'eux, tous Mulhousiens : d'où la création de « cités ouvrières », d'écoles nombreuses, primaires et techniques, du Cercle Mulhousien, du Crédit populaire... Ils avaient fait de leur Mulhouse une ville industrielle-type, et devant eux s'ouvraient les « longs espoirs ».

*
* *

Survint la guerre. Dans Mulhouse sans remparts et sans troupes, les premiers Allemands entrèrent le 16 septembre 1870; dans Belfort, le 18 février 1871, après cent trois jours de siège, dont soixante-treize de bombardement, et la garnison française ne partant qu'en vertu d'un ordre du gouvernement français, sans capituler. Mais, ville ouverte ou ville fortifiée, n'allaient-elles pas toutes deux subir le même sort? Sans doute, puisque Belfort et Mulhouse étaient également Alsace.

Belfort, pourtant, fut sauvé. *Trouée de Belfort* : dans cette image populaire, — « faite avec l'instinct naturel qui naît de la vue des choses », dit-il quelques jours plus tard à l'Assemblée Nationale, (1) — Thiers revoyait toutes les invasions passées, prévoyait tout le péril à venir; et ainsi, dans l'immensité même du désastre, l'importance de Belfort avait encore grandi : roc solide au-dessus des décombres, sentinelle indispensable aux portes de la France diminuée. « Lorsqu'on n'a pas Strasbourg, il faut avoir Belfort » (2)... Et puis, la défense de Denfert-Rochereau ayant donné à Belfort un prestige incomparable, permettrait sans doute au représentant de la France de parler avec plus d'autorité : Thiers aimait à rappeler le mot de Napoléon à Talleyrand, qu'on félicitait un jour devant l'Empereur pour quelque acte diplomatique heureux : « Convenez,

(1) Discours de Thiers au cours de la discussion du traité (séance du 18 mai 1871), dans VILLEFORT, *op. cit.*, tome II, page 121.
(2) *Id.*, *ibid.*, page 123.

Talleyrand, que je suis bien pour quelque chose dans ce traité! »...

Le vendredi 24 février 1871, à Versailles, dans la petite maison de la rue de Provence où logeait Bismarck, pendant la discussion des Préliminaires de paix, Thiers avait exposé toutes les raisons françaises de conserver Metz : éloquence vaine. Il argumente en faveur de Mulhouse : le chancelier trouve encore « que c'est trop ». On en vient à Belfort. Alors, si « prêt », si « résigné » qu'il fût à presque « tous les sacrifices », si convaincu que la France ne pouvait plus lutter et que la paix s'imposait, implacablement, Thiers, quand on lui demanda Belfort, fut « saisi d'une sorte de déses poir », hésitant « s'il ne valait pas mieux continuer la guerre plutôt que de céder cette porte de l'est de la France ». (1) Pour Metz, pour Mulhouse, il avait plaidé, clairement, éloquemment, certes, mais peut-être sans conviction, en face d'un négociateur qu'il savait « très opiniâtre et malheureusement trop autorisé par la victoire ». Mais Belfort! Il ne céderait pas. — « Vous voulez ruiner la France, dans ses finances, la ruiner dans ses frontières! Eh bien, qu'on la prenne, qu'on l'administre, qu'on y perçoive les impôts! Nous nous retirerons, et vous aurez à la gouverner, en présence de l'Europe, si elle le permet... » (2) Lutte tenace, de part et d'autre, passionnée. Il fallait convaincre, sur-le-champ, Bismarck, puis, sans perdre haleine, Moltke, Guillaume. Bismarck finit par céder, mais, comme on dit, *donnant, donnant*. Thiers garderait son Belfort,

(1) *Id., ibid.*, page 123.
(2) THIERS, *Notes..., op. cit.*, pages 125-125.

mais Bismarck y gagnerait, lui, son entrée des troupes dans Paris, (1) qui lui avait toujours été refusée jusqu'ici, mais à quoi il tenait comme à l'un « des fruits les plus précieux de notre victoire » : ainsi, il ne craindrait plus, « rentré chez lui, de rencontrer un pauvre diable marchant sur une seule jambe, et qui dirait : « La jambe que j'ai laissée sous les murs de Paris me donnait le droit de compléter ma conquête; c'est ce diplomate, qui a tous ses membres, qui m'en a empêché » (2) ... A ce prix (3), Belfort était sauvé, mais seulement Belfort, « la ville et ses fortifications, avec un rayon qui sera déterminé ultérieurement », disait l'article 1er des Préliminaires. De concessions en concessions, de discussions en discussions, qui se prolongèrent jusqu'à la signature du traité définitif, et toujours donnant, donnant, les Allemands ici, les Français en Lorraine, — ce *rayon*, ce fut tout le canton de Belfort, celui de Delle, celui de Giromagny, la route de Giromagny à Remiremont par le Ballon d'Alsace sur tout son parcours, en un mot, tout ce qui s'appelle depuis, d'un terme unique dans notre nomenclature administrative, et qui est à lui seul un souvenir doulou-

(1) Plus les villages de Sainte-Marie-aux-Chênes et de Vionville, près de Metz, qui font partie de la même « compensation » accordée pour Belfort (Article 1er des *Préliminaires*).
(2) Jules Favre, *op. cit.*, tome II, page 387.
(3) On sait qu'un premier corps de 30.000 Allemands occupa, le 1er mars, une partie de Paris (entre la Seine et le faubourg Saint-Honoré, jusqu'aux Tuileries); mais que, l'occupation ne devant durer que jusqu'à la ratification des Préliminaires et celle-ci ayant été votée le même jour, ce premier corps d'occupation fut le seul et qu'il évacua la partie occupée, non sans que Bismarck en avouât son désappointement, avant que l'empereur Guillaume pût effectuer son entrée solennelle qui devait avoir lieu le 3 mars.

reux et une tradition nécessaire : le *Territoire* de Belfort.

Alors, pendant des années, ce fut, par la trouée, un continuel passage. Du Haut-Rhin, de Mulhouse, de Thann, de Wesserling, tout ce qui pouvait partir s'est écoulé par là. Il en vint des centaines, des milliers. Ils entraient à la mairie, inconnus, sans amis; c'est toujours en présence des mêmes témoins automatiques que l'acte est dressé, Joseph Piquet, concierge, et Célestin Bourquard, employé, ou Eugène Clerc, instituteur. Ils apposaient au bas de l'acte une signature parfois difficile, mais qui ne fut jamais hésitante, puis ils s'en allaient fidèles, et désemparés. 1.488 options, rien que du 1er avril au 30 septembre 1872, plus 12.000 « déclarations de transfert de domicile » (1); sans compter tous ceux qui ne s'arrêtaient point, pressés d'aller tout de suite plus loin, de refaire plus vite leur vie, de partir pour l'Algérie où on leur offrait des terres, et qui croyaient que leur établissement en

---

(1) La *déclaration de transfert de domicile* n'était pas *l'option.* L'option était l'acte par lequel, à l'endroit même où il était établi, l'Alsacien (ou Lorrain) déclarait vouloir rester Français; la déclaration de transfert, celui par lequel, en arrivant en France, il déclarait vouloir y transférer effectivement son domicile, transfert effectif sans lequel l'option n'était pas valable aux yeux de l'Allemagne. Mais, dans le désarroi du moment, il y eut bien des confusions : beaucoup d'optants habitant l'Alsace se contentèrent d'opter au lieu de leur domicile, sans le transférer ensuite en France; d'autres, au contraire, l'y transférèrent réellement, mais sans accomplir régulièrement les formalités de l'option; d'autres, enfin, vinrent opter en France, quand la frontière était voisine, et s'y transférer en même temps, puis, au bout d'un an ou deux, revinrent en Alsace, convaincus que les quelques mois pendant lesquels ils avaient été réellement domiciliés en France, sauvegarderaient pour toujours aux yeux des Allemands leur qualité de Français; — sources de difficultés sans nombre, et causes initiales de certaines situations extraordinairement compliquées.

France suffisait, en vertu, écrivit un jour au Garde des Sceaux le président de la Commission d'Émigration de Belfort, (1) de ce « sentiment accrédité en Alsace, que ses habitants n'ont pas cessé d'être nos compatriotes, que leur nationalité revit dès qu'ils touchent la terre française ».

Dans ces bureaux banals, tout parle d'eux : ici, c'est une demande de « feuille de route » : le père vient de mourir en Algérie, à l'hôpital de Sétif, laissant une veuve et six enfants, l'aîné seul est resté au pays, dans le Bas-Rhin, maintenant il veut rejoindre les autres, n'a pas d'argent pour le voyage ; là, c'est le bordereau d'expédition d'un Chemin de croix que les Alsaciens de Mulhouse offrent à leurs compatriotes établis à Aïn-Fékan, près de Mascara ; là, les papiers d'un ouvrier de Grandvillars, que l'autorité allemande détient à Altkirch comme n'ayant pas satisfait à la loi militaire, d'un autre, qui habite Rougemont, (2) « incorporé de force dans l'armée allemande, quoique ayant opté régulièrement pour la nationalité française ». — Puis, les engagements, 257 pour la seule période du 27 septembre 1872 au 19 février 1873, 414 du 13 mars 1874 au 17 février 1875 : Bader, Kœhl, Bogen, Gœtschy, Krebs, Higelin, Gross, Ziegler, Wolff, Schwindenhammer, — de Bennwihr, de Wintzenheim, de Thann, de Cernay, de Molsheim, de Niedermorschwiller, de Pfastatt, de Soultz, de Bergheim, de

(1) Léon Stehelin, 28 janvier 1873 (Arch. départ., M 4/91).

(2) Rougemont-le-Château, dont le Dr Courvoisier, de Grandvillars, disait, dans un rapport manuscrit sur le mouvement de la population de Belfort et de sa région de 1801 à 1873 (Arch. départ., M 13/40) : « Sa situation au pied des Vosges en fait la retraite favorite des familles alsaciennes qui viennent y psalmodier le *Super flumina Babylonis* des Hébreux déportés. »

Markolsheim, — au 7ᵉ dragons, au 4ᵉ hussards, au 18ᵉ, au 3ᵉ, au 84ᵉ, au 42ᵉ, au 125ᵉ de ligne, au 3ᵉ, au 19ᵉ, au 27ᵉ bataillon de chasseurs à pied, au 1ᵉʳ, au 2ᵉ, au 3ᵉ zouaves, au 5ᵉ, au 8ᵉ chasseurs à cheval, au 2ᵉ chasseurs d'Afrique, au 8ᵉ cuirassiers : il semble qu'on voie défiler tous les régiments de France, et toujours à leur rang malgré la séparation, répondant « Présent ! » par la voix d'un des leurs, toutes les villes, tous les villages d'Alsace... — Puis, plus tard, les « réintégrations » dans la qualité de Français de tous ceux qui étaient restés d'abord de l'autre côté des Vosges, mais qui « rentraient » en France, et qui, à la question : *Motif du défaut d'option,* faisaient toujours les mêmes réponses : « trop jeune et sa mère était dans l'indigence », « était mineur à l'époque et personne n'a opté pour lui », « n'a pu quitter ses frères et sœurs en bas âge »; — sauf celle-ci d'un journalier de Rixheim, éloquent sans le savoir, et qui ne se doutait sûrement pas de tout ce que sa déclaration contenait d'histoire de son pays : il n'avait pas opté en 1871, parce qu'il « espérait que l'Alsace redeviendrait bientôt française ».

Défilé héroïque et lamentable. Par Belfort, morceau d'Alsace resté français, beaucoup des misères, beaucoup des grandeurs de l'exode ont passé. Un jour vint, où quelque chose de la meilleure Alsace s'y fixa : une partie de l'industrie de Mulhouse, de son activité, de sa puissance, et de son âme même.

Le déplacement de la frontière avait bouleversé les conditions d'existence de l'industrie et du commerce mulhousiens : Mulhouse, séparé tout à coup de la France, était désormais incorporé, non-seulement à l'Empire allemand, mais, du même coup, à l'Union douanière allemande *(Zollverein)*. Or, Mulhouse étant intimement adapté au marché français, quelle serait sa situation en face du marché allemand ?

De l'industrie alsacienne et de l'industrie allemande, c'était alors la première, il est vrai, qui paraissait redoutable à la seconde. La réunion des « cotonniers » allemands tenue à Stuttgart, dès le 3 octobre 1870, la délégation des industriels de l'Allemagne du Sud envoyée à Versailles, en février 1871, avaient demandé au chancelier que la future « frontière stratégique » fût « sans influence sur les intérêts de l'ancien Zollverein »; et, même après la signature des Préliminaires, un membre du Reichstag, le comte de Luxbourg, faisait remarquer avec acrimonie au gouvernement que les filatures alsaciennes employaient à elles seules plus de broches et de métiers que toutes celles du Zollverein réunies. (1) Aux craintes allemandes correspondaient les illusions françaises : plusieurs des orateurs qui, à

---

(1) Il donnait (séance du Reichstag du 17 avril 1871, dans l'*Industriel alsacien* du 23, d'après le *Journal de Genève)* les chiffres suivants : pour l'Alsace, 2.170.000 broches, 53.000 métiers ; pour le Zollverein, 1.760.000 broches, 48.000 métiers. L'orateur ne semble pas, pour l'Alsace du moins, s'être sensiblement écarté de la vérité. Les chiffres totaux donnés par Aug. Dollfus *(Notes statistiques...)*, se rapportant à la même époque, sont de 1.874.823 broches et 51.300 métiers (Cf. également O. Keller et L. Lantz, *op. cit.*). Une comparaison absolument précise serait, du reste, très difficile à établir, les auteurs n'indiquant pas toujours si leurs calculs s'appliquent au coton seul ou au coton et à la laine ensemble, aux seules broches à filer ou également aux broches de retordage. On admet généralement que l'industrie cotonnière mulhousienne avait alors une importance à peu près égale aux deux tiers de celle du Zollverein.

l'Assemblée Nationale, prirent part aux discussions sur la ratification du traité, le général Chareton, Raoul Duval, Buffet, soulignèrent cette situation, parfois non sans emphase : l'Allemagne s'apercevait déjà « cruellement que ces deux millions d'Alsaciens produisent à peu près autant que ses quarante millions d'Allemands »... ; « concurrence ruineuse »... ; « robe de Nessus attachée aux flancs de l'Allemagne »... (1)

Ces illusions étaient trop belles : les Mulhousiens ne les partageaient point, ou ne les partagèrent pas longtemps. Plusieurs « cotonniers » attentifs et qui ne se payaient pas de mots, étant allés en Allemagne pour y étudier le terrain nouveau, n'en revinrent pas sans appréhension : la main-d'œuvre y était moins coûteuse, les ouvriers vivaient d'un peu de fromage et de café, touchaient 1 franc par jour (au lieu de 3 francs ou 3 francs 50 à Mulhouse), les patrons, pourvu qu'ils fussent actifs et entreprenants, même s'ils n'avaient pas d'argent, commençaient à en trouver. Aussi bien les filateurs et tisseurs ne représentaient pas toute l'industrie mulhousienne ; et, pour d'autres, la situation n'était pas moins grave, ou l'était plus encore. Les constructeurs de machines n'avaient peut-être rien à craindre en ce qui concernait les machines pour l'industrie textile, spécialité extrêmement perfectionnée, et pour laquelle toute la concurrence venait d'Angleterre, non d'Allemagne ; mais ils s'étaient appliqués à produire d'autres machines que le métier de tissage : les locomotives, par exemple, et, pour celles-ci, désormais, l'Alsace, ayant deux centres puissants (Graffenstaden, près de

(1) Cf. VILLEFORT, *op. cit.*, tome II, pages 118, 160, 179.

Strasbourg, et Mulhouse), serait une productrice trop considérable par rapport à l'Empire allemand, qui avait déjà Chemnitz, Berlin, Esslingen, Elbing, Cassel. Aux « indienneurs », surtout, quoique de leur industrie fût née toute l'industrie mulhousienne, l'illusion était impossible, car un double danger menaçait, immédiatement, leur fabrication et leurs débouchés.

L'impression, en effet, était, à Mulhouse, une industrie de luxe et de goût, à laquelle convenait admirablement la clientèle française; l'Allemagne, au contraire, était trop pauvre alors pour fournir aux étoffes peintes à Mulhouse des acheteurs suffisamment nombreux; de ce chef, on pouvait prévoir une consommation beaucoup moindre, ou la nécessité d'une transformation complète des produits. D'autre part, pour tout ce qui est impression, teinture, blanchiment, les Vosges seraient désormais une barrière infranchissable entre les centres de tissage de leur versant occidental et le grand centre de teinture, de blanchiment, d'impression de leur versant oriental. A ne prendre de cette situation complexe qu'une vue générale, on peut dire que Mulhouse, avant la guerre, filait le coton, l'envoyait pour être tissé sur le côté lorrain des Vosges, recevait le tissu en retour, pour le blanchiment, la teinture et l'impression, les deux versants des Vosges formant ainsi un tout complet, un seul et immense atelier; or, les Vosges devenant frontière (1), le versant lorrain, — l'*Est nouveau !* comme dit le comité industriel siégeant à Épinal, dans sa circulaire à tous les cotonniers de

---

(1) Voir *Annexe* IV.

l'Est, du 14 mai 1871 (1), — l'Est nouveau était privé de cette « branche complémentaire » de son activité, les industries « finisseuses » du versant alsacien ne travailleraient plus pour la région française voisine, ne feraient plus travailler par elle. Les diplomates pouvaient bien ménager une période transitoire (2), pour l'importation des produits alsaciens en France, pour l'admission temporaire en Alsace des produits français destinés à y recevoir un complément de main-d'œuvre; mais, au terme de ce délai, la séparation économique n'en était pas moins inéluctable, comme l'autre.

Ainsi, un terrain tout à fait étranger, où la production alsacienne arriverait en surcharge, où la place lui serait « disputée avec acharnement », disait le secrétaire de la Société Industrielle dans son rapport de 1872 ; pour l'industrie-mère, l'impression, point de concurrence, mais l'immense atelier vosgien coupé en deux, et point de marché : le traité récent était, on le voit, gros de périls pour l'avenir.

A l'inquiétude, au découragement de Mulhouse, Belfort s'offrait comme une espérance de renouveau (3), Belfort que son passé n'avait nullement préparé à recevoir l'industrie mulhousienne, où les Mulhousiens ne trouveraient point de ressources particulièrement intéressantes, ni main-d'œuvre, ni qualité ou quantité de l'eau, ni centre d'affaires, où rien, enfin, ne les attirait,

(1) Publiée dans l'*Industriel Alsacien* du 20 mai 1871.

(2) Voir plus haut, page 36, et *Annexe* IV.

(3) Est-il besoin de dire ici que Belfort ne fut pas le seul refuge de Mulhouse et de sa région ? Les changements survenus à Belfort sont particulièrement topiques, mais on retrouve Mulhouse dans tout le développement industriel du versant occidental des Vosges depuis la guerre (voir plus loin, pages 193 et suivantes).

sinon que Belfort, c'était la France à cinquante kilomètres de chez eux : un autre Mulhouse que déléguerait Mulhouse « annexé » pour le représenter dans l'*Est nouveau*. Deux des plus grands établissements de Mulhouse, fil à coudre et constructions mécaniques, furent les premiers à installer des ateliers et des bureaux à Belfort, vers 1878, presque simultanément; et cela, non point par hasard : beaucoup d'ouvriers des ateliers de constructions qui ne demandaient qu'à partir, hésitaient au dernier moment, parce qu'à Belfort ils gagneraient moins, si leurs femmes et leurs filles n'y avaient pas de travail; ce travail féminin, complément indispensable de leur budget, c'est le retordage du fil qui se chargea de le fournir. Puis, d'autres maisons suivirent.

Transfert purement économique? Sec et simple calcul, désir de vendre sur deux marchés au lieu d'un? Non point. Mulhouse libéral, qui avait regimbé rudement contre la Restauration, et, plus tard, dit un Colmarien qui ne l'aimait point, « partagé avec une seule autre ville de France le triste honneur d'un vote contraire au plébiscite » (1), Mulhouse indépendant, Mulhouse républicain, Mulhouse ingouvernable, Mulhouse était profondément, passionnément français. Les Mulhousiens venaient de justifier, une fois de plus, la réponse que Nicolas Kœchlin avait faite en 1814 à Napoléon, lorsque l'Empereur lui avait parlé un peu brusquement de ces « contrebandiers » de Mulhouse, de ces « fabricants qui avaient amassé de la fortune » : — « Oui,

(1) Arch. Nat., F 2 (1) 519 (2), Lettre au Ministre de l'Intérieur, 18 mars 1852.

Sire, nous avons amassé de la fortune, mais nous saurons montrer à la France comment il faut s'en servir. » (1) Ils s'en étaient bien servis, et ceux de 1870 surent les imiter : 100.000 francs pour l'habillement de l'armée, achat d'une batterie d'artillerie, paiements de frais de route, secours en espèces et en nourriture, aux soldats, aux prisonniers de guerre, — même quand les réquisitions allemandes écrasaient la ville. Et ils n'avaient pas donné que leur argent. Tous les grands noms de l'industrie mulhousienne, les petits aussi, ceux des faubourgs comme ceux de la Bourse, se retrouvent sur les contrôles de la garde mobile, des francs-tireurs, de la Légion d'Alsace et Lorraine formée à Lyon. Le 4e bataillon de la Mobile du Haut-Rhin, recruté spécialement dans l'arrondissement de Mulhouse, avait eu sa belle part de péril et d'honneur à Bellegarde, à Beaune-la-Rolande, à Villersexel, à Héricourt. Tout le monde se rappelait, à Mulhouse, les canons braqués sur trois usines parce que la population avait hué quelques soldats, la réquisition de 50.000 francs en or, et le geste de Jean Dollfus, le maire, jetant sa croix de la Couronne de Prusse, souvenir de quelque Exposition récente, aux pieds du général ennemi, qui voulait exercer contre la ville des représailles injustes. Tout le monde se rappelait l'impression produite par la première visite du préfet allemand au Conseil municipal, déclarant, dès le 21 novembre : « Il est de l'intérêt de toute l'Allemagne de ne pas lâcher l'Alsace, je n'ai d'autre mission que d'administrer le Haut-Rhin dans le sens de son annexion

(1) A. Chuquet, *op. cit.*, page 327.

prochaine... » Malgré tout, ils avaient, eux aussi, pendant la discussion des Préliminaires, envoyé à Versailles des délégués qui tentèrent d'agir, sur M. Thiers, sur M. de Bismarck. Même, pendant quelques jours, le bruit courut à Mulhouse que la ville deviendrait ville neutre, ou qu'elle rentrerait dans la Confédération helvétique, moyennant quelques millions que les grands industriels mulhousiens auraient tôt fait de souscrire. (1)

Imaginations, fausses joies. Le traité définitif confirmait purement et simplement les Préliminaires... Les Mulhousiens étaient « sujets allemands »; mais ils fondèrent la *Ligue d'Alsace*, pour s'affirmer « Français, malgré tous les protocoles qui voudraient leur dénier ce titre », et ils envoyèrent au Reichstag des députés

---

(1) *Journal de Genève*, n° du 25 avril 1871 (correspondance de Mulhouse, datée du 20): « Il n'a pas fallu longtemps pour que le bruit, plus ou moins fondé, de la rétrocession de Mulhouse à la France se répandit comme un éclair dans toute l'Alsace, mais, à ce jour, cet espoir paraît s'être évanoui. Je ne vous répéterai pas tous les on-dit qui ont circulé à ce sujet : quelques-uns parlaient encore de neutralité, d'autres prétendaient que Mulhouse, en sa qualité de ville libre et alliée de la Suisse jusqu'en 1798, obtiendrait d'entrer, comme Genève en 1815, dans la Confédération, moyennant quelques millions qui seraient vite souscrits par nos grands industriels, etc... Ce qui a donné lieu à ces rumeurs, ce sont, en premier lieu, les démarches des manufacturiers allemands auprès de l'empereur Guillaume, ensuite la députation alsacienne qui s'est rendue à Versailles à différentes reprises. Un journal anglais, le *Standard*, si je ne me trompe, disait, il y a quelques jours seulement, que M. de Bismarck avait assuré à diverses reprises qu'il laisserait les Chambres de commerce de l'Allemagne complètement libres de juger la question de savoir si oui ou non l'annexion de Mulhouse et de la Haute-Alsace ferait à l'industrie allemande un tort irrémédiable, et qu'il se fiait entièrement à leur décision... » Les Suisses eux-mêmes, dit-on, n'accueillirent pas volontiers la prétendue offre qui leur était faite : l'Alsace ne serait pas longtemps allemande, et, le jour où les Français reviendraient, la ville de Mulhouse voudrait-elle rester incorporée à la Confédération helvétique ?

protestataires, Hæffely, puis Jean Dollfus. Ils étaient « sujets allemands » ; mais ils concouraient à tous les efforts que faisait la patrie pour se relever, pour effacer les traces du désastre. Les braves gens se pressaient à la Caisse d'épargne, retiraient leurs économies pour participer à la libération du territoire. Sur les listes de souscription pour la reconstruction du Palais de la Légion d'Honneur, incendié par la Commune, les signatures mulhousiennes ne manquent point. Avant la guerre, les jeunes collégiens de Mulhouse, ceux de Belfort aussi, allaient achever leurs études au lycée de Colmar ou à celui de Strasbourg. L'enseignement y serait allemand, désormais ! Alors, les Belfortains ayant sollicité du gouvernement la création d'un lycée dans leur ville, les Mulhousiens, sur l'initiative de Kœchlin-Schwartz, contribuèrent pour une très grande part à la réussite financière de ce projet ; puis, ils y envoyèrent leurs fils. Grâce à Mulhouse, grâce à tout l'ancien Haut-Rhin, le lycée de Belfort, qui avait 365 élèves en 1874, en eut 530, 566, 551, en 1875, 1876, 1877. Ah ! que de jolis souvenirs émus dans la mémoire des adolescents d'alors ! Les lendemains de vacances, le train où ces petits Alsaciens s'entassaient, où l'on recueillait les élèves tout le long de la ligne, ceux qui venaient de Thann ou de Cernay, ceux qui montaient à Altkirch ou à Dannemarie, tous contents de passer la frontière, tous fiers de leur jeune patriotisme, surtout si le gendarme de chez eux avait grogné à leur uniforme de lycéen français. Et plus tard, le service militaire, en France. Pendant ce temps, le père était resté à Mulhouse, « sujet allemand » ; ou, parfois, naturalisé suisse ; citoyen français, à grand peine, dans des cas très exceptionnels. Aussi, quand les fils revenaient pour travailler avec le père, se préparer à « prendre sa suite », il leur fallait, s'ils étaient citoyens français, se soumettre à des formalités difficultueuses, demander à la police des autorisations de séjour, à faire renouveler tous les mois, tolérances toujours révocables, ou bien, habiter Bâle, venir le matin à Mulhouse, repartir le soir. Plus d'un s'était promis que, le jour où ses fils seraient grands, il s'en irait, lui, et eux. Plus d'un n'avait accepté de conserver son usine à Mulhouse qu'autant qu'il lui serait possible de rester Français dans Mulhouse annexé. Alors, quand il s'agissait de décider un transfert total ou partiel en France, tous ces souvenirs, tous ces sentiments, toutes ces rancœurs donnaient à la délibération l'entrain qui fait agir. Ce n'était plus une question de comptabilité...

***

Depuis que les Mulhousiens, plus perspicaces que Raoul Duval à l'Assemblée Nationale ou le comte de Luxbourg au Reichstag, ont prévu l'acharnement de la concurrence allemande, plus de quarante ans se sont écoulés ; et les faits, au cours de ces quarante années, n'ont pas démenti leurs prévisions.

Sans doute, dans certains cas, des causes accessoires ou qui n'ont pas de rapport avec la question nationale, influèrent sur le destin des industries mulhousiennes. Ainsi pour l'impression. La mode ne réclame pas toujours les mêmes articles, ceux qui ont fait la fortune de Mulhouse ne se sont pas maintenus constamment en faveur. En outre, les industriels mulhousiens se sont montrés trop généreux éducateurs, leur école de chimie a accueilli trop de jeunes gens étrangers à la région, qui sont ensuite retournés dans leurs pays d'origine, elle a dangereusement exporté sa science, et, ce que les Italiens, les Espagnols, les Russes, les Japonais cherchaient autrefois à Mulhouse, ils le fabriquent aujourd'hui chez eux. Mais ces causes n'auraient pas produit leurs pleins effets, sans l'autre, la première et l'essentielle : la frontière transportée du Rhin aux Vosges. Quelques établissements ont pu, sans rien changer à leur manière, continuer à produire l'article « cher », celui qui « supporte » des droits de douane; quelques autres, après s'être essayés, dans les premières années après la guerre, à des articles moins luxueux pour se mettre au niveau de la clientèle allemande, ont relevé peu à peu leur genre de fabrication, à mesure que le goût et l'argent devenaient moins rares en Allemagne; et la tradition mulhousienne a été ainsi sauvegardée. Mais, pour toutes les qualités moyennes, les centres d'impression, qui étaient, il y a quarante ans, Elberfeld, Heidenheim dans le Würtemberg, Augsbourg, sont devenus beaucoup plus nombreux (on imprime partout, maintenant, en Allemagne, depuis Elberfeld jusqu'en Silésie, sauf dans la région du nord de Berlin), — plus nombreux, et autrement puissants. Le nombre des établissements mulhousiens a diminué des trois quarts, et je ne crois pas que les Mulhousiens considèrent ceux qui restent, fussent-ils individuellement d'une importance qu'on ne connaissait pas dans l'industrie d'autrefois, comme représentant l'ancienne puissance de l'impression mulhousienne.

Deux exemples sont particulièrement significatifs.

D'abord, la filature et le tissage du coton. Aux principaux centres allemands d'il y a quarante ans (Augsbourg, le Würtemberg, quelques établissements du pays de Bade et de la Prusse rhénane) se sont ajoutées, depuis, la Saxe et la Westphalie ; et avec quelle ardeur conquérante toute cette Allemagne unie a poussé sa marche en avant ! Tandis que le nombre des broches alsaciennes, qui était de 1.200.000 en 1893 (600.000 de moins qu'en 1870 !) ne se relève, jusqu'en 1905, qu'à 1.500.000, en 1909, à 1.730.000, pendant ce même temps, le total allemand (Alsace non comprise) grandit du simple au double, de 4.000.000 en 1893 à 8.000.000 en 1909, et la Bavière, la Saxe, la Prusse rhénane avec la Westphalie, qui, en 1893, produisaient chacune moins que l'Alsace, l'ont, depuis, atteinte ou dépassée (1). Pour la laine peignée, mêmes proportions, même disproportion. Cette industrie était beaucoup moins importante que celle du coton, à Mulhouse, en 1870, et elle s'y est beaucoup développée, jusque dans ces dernières années du moins. Mais, en Allemagne, le développement en fut, proportionnellement, bien plus considérable, favorisé par plusieurs causes nouvelles : le bien-être plus répandu, l'augmentation de la population, et aussi ce fait qu'autrefois, au lendemain de la guerre encore, en Allemagne, on aimait assez à faire valoir la marchandise française, tandis qu'aujourd'hui... L'Allemagne, en 1870, n'avait pas plus de 250.000 à 300.000 broches de laine peignée ; l'Alsace, au même moment, en avait environ 200.000, aujourd'hui, l'Alsace en a 450.000, mais l'Allemagne 2.600.000.

---

(1) W. Rieger, *op. cit.*, éditions 1893, 1905, 1909.

Depuis la guerre, il n'y a que deux industries mulhousiennes qui aient presque normalement continué de prospérer. D'abord, le fil à coudre, parce que cette « marque » mulhousienne est de supériorité internationale, n'ayant toujours à lutter qu'avec l'Angleterre, seule. Ensuite, la construction des machines, — sinon pour les locomotives (on n'en fabrique plus, du reste, à Mulhouse même, depuis que la Société de Graffenstaden s'est fondue avec celle de Mulhouse en 1872), sinon pour les machines à vapeur (au fur et à mesure de son développement industriel général et des besoins de force motrice qui en étaient la conséquence, l'Allemagne a beaucoup fabriqué elle-même), du moins pour les machines d'impression, les machines pour la filature et le tissage du coton, pour la filature de la laine peignée, pour le tissage de la laine cardée; et encore peut-on se demander ici, avec quelque raison, je crois, quel est dans le chiffre total d'affaires le « pourcentage » de l'établissement de Belfort.

Le développement de Mulhouse ne s'est donc pas poursuivi sur le même rythme que celui de l' « Union douanière allemande » : Mulhouse a progressé modestement, dans un ensemble qui a progressé formidablement. N'admirez pas que Mulhouse, au lieu de 70.000 habitants en 1870, en ait aujourd'hui 95.000. Les Mulhousiens vous diront, même ceux qui n'ont pas à se plaindre de la vie, que les villes industrielles allemandes, Augsbourg, Elberfeld, Crefeld, Chemnitz, Stuttgart, ont autrement grandi... « 95.000 habitants! mais nous en aurions, sans la guerre, 125.000! » Aussi bien les Mulhousiens d'il y a quarante ans, si avertis qu'ils fussent, n'avaient-ils que calculé des chiffres, comparé des probabilités de production, de consommation, de concurrence, d'après le passé; ils ne pouvaient évaluer, même approximativement, l'action future de causes profondes qui échappent aux statistiques, tout en agissant sur elles.

A l'actif de l'Allemagne ils avaient omis de compter ce ferment de richesse : la victoire. Frœschwiller, Sedan, Francfort : vocables dont on considérait alors la seule valeur historique, mais dont on a pu constater, depuis, la portée économique. Avec la *Gründungsperiode* (période de fondation) de l'Empire allemand s'ouvrit, presque simultanément, et non sans relation de cause à effet, une *Gründungsperiode* de l'industrie et du commerce allemands. Fiers de leur gloire, les Allemands se sentirent aussitôt plus d'autorité, plus d'ambition, plus d'orgueil aussi; il semble que, de propos délibéré, ils aient entrepris de triompher sur le terrain économique, comme sur le terrain militaire. Les banques ouvrirent de larges crédits, non point sur des garanties financières, valeurs en dépôt, etc., comme en France, mais sur des espérances, sur la confiance dans l'individu, sur ses qualités de travail, de méthode, d'initiative, système parfois dangereux, mais qui favorise singulièrement la richesse en formation, la poursuite de la clientèle chez elle, l'utilisation des débouchés. Sans doute on a voulu parfois trop entreprendre tout de suite, trop produire, trop construire, construire trop grand, et les accidents ne sont pas rares; mais, tandis qu'en 1875 les premiers Alsaciens qui voyageaient en Allemagne ne pouvaient vendre qu'à condition d'accepter le paiement à six mois, plus le mois d'achat, aujourd'hui le client allemand est souvent — quand il ne veut pas

« aller trop vite » — un *Kassemann*, un homme qui paie à caisses ouvertes. « Ils ont *gegründet, gegründet, gegründet*, avec des queues de crédit... », me disait plaisamment un Mulhousien. Oui, ils ont fondé sans argent, avec le risque de ne pas réussir, et de ne pas payer; mais ils ont fondé, et pour fonder, ils avaient une foi que Mulhouse, à eux annexé contre son gré, n'avait plus.

Au passif de leur ville, les Mulhousiens de 1871 n'avaient pas compté davantage les effets économiques d'un autre « impondérable », leur impondérable à eux. Des hommes, des capitaux partirent, — des hommes qui eussent été nécessaires à Mulhouse, je ne dis pas pour entraver la germanisation (on sait qu'elle n'y a pas fait de progrès, qu'il n'y a pas plus de 10.000 Allemands à Mulhouse, et qu'un seul des grands établissements mulhousiens est entre des mains allemandes), mais pour devenir à leur tour des intelligences et des âmes dirigeantes, dans des industries où le chef ne remplit tout son office de chef qu'à la condition d'y être né, d'y avoir été élevé; — des capitaux qui, restant à Mulhouse, auraient servi à organiser plus largement les représentations et les voyages en Allemagne, à transformer l'installation, à renouveler le matériel, à lutter avec plus d'avantages peut-être pour la conquête du marché allemand. Mais, dépenser sur place activités humaines et ressources financières, entrer délibérément, dès le lendemain de la guerre, dans l'organisme nouveau, dans les vues administratives et politiques du jeune Empire, rechercher son appui dans les nombreuses questions où l'industrie a besoin du concours de l'État, tout ce « moyen de parvenir » était incompatible avec le souvenir d'hier : comment ces industriels mulhousiens, Français de naissance, d'éducation, de langue, de tradition, d'esprit, de relations, d'amitiés, comment auraient-ils poursuivi un succès meilleur, s'il fallait l'acheter à ce prix? Pour une réadaptation économique non plus que pour une réadaptation morale quarante années ne suffisent, quand il y a des hommes et qui ont du cœur. Et, aujourd'hui, lorsqu'un Mulhousien reçoit tout à coup l'avis administratif que ses fils, Français, n'auront plus l'autorisation de venir le voir à Mulhouse; lorsqu'un Mulhousien de naissance, régulièrement Français par l'option, se voit refuser l'autorisation d'habiter Mulhouse où l'appelle la direction de ses affaires; lorsqu'un jeune Mulhousien, né Français à Mulhouse, mais obligé de vivre à Bâle parce qu'il a été soldat français, se voit interdire à la frontière le voyage quotidien de Bâle à Mulhouse; alors, s'ils s'en vont, eux aussi, Mulhouse y perd encore un peu de soi-même, mais Mulhouse comprend...

Belfort, qui avait 6.000 habitants en 1870, en compte aujourd'hui 34.000. Alsaciens pour les deux tiers, Alsaciens nés eux-mêmes dans l'Alsace annexée, ou fils d' « annexés » qui étaient venus s'établir à Belfort. Quelques-uns des établissements que les Mulhousiens y ont créés sont indépendants de Mulhouse; mais la plupart sont des « filiales », dont le siège social est resté à Mulhouse; les mêmes administrateurs, frères, cousins, assument en commun la direction générale. La maison-mère n'oublie pas ses fils : et l'on me permettra de ne pas insister sur ce point... Dans telle usine de Belfort, sur 700 ouvriers, 350 sont Alsaciens; dans telle autre, 3.000 sur 6.000. La ville s'est étendue, très loin, hors de ses anciens murs. Le long de ces « cités » et de ces ateliers, point de rues aux vieux noms pittoresques où l'esprit s'amuse; non, mais autre chose, dont on ne sourit pas : rue de Saverne, rue de Strasbourg, rue de Mulhouse, rue de Thann, avenue d'Alsace, rue du 14-Juillet, rue du Haut-Rhin, rue de Saint-Privat, rue de la Marseillaise, rue Quand-Même. Tous les jours, le *Mülhauser Tagblatt* arrive par ballots. Le patois dans les rues, non pas le patois d'ici, déjà roman, un peu vosgien, avec des intonations traînantes, mais le patois de l'autre côté, des *yô!* dont le circonflexe s'allonge à n'en plus finir, et nos jurons d'Alsace sonores comme des tambours, et les appellations familières entre Haut-Rhinois et Bas-Rhinois : « *Overländer! Unterländer!* » Retournent-ils quelquefois au-delà des Vosges? « Je ne m'y fie guère », dit l'un. « Pas si bête! » dit un autre, puis beaucoup d'autres. Quand ils ont quitté l'Alsace, ils n'étaient pas toujours en règle avec l'autorité militaire allemande, ils ont été soldats en France, — en France, cela veut dire souvent en Afrique, ou ailleurs, à la Légion, — et on en connaît qui, au retour, pris par le « mal du pays », furent arrêtés avant de revoir leur village, expédiés pour quelques mois, pour quelques années, dans les casernes prussiennes. Alors, « pas si bête! » — « J'ai bien encore un oncle à Mulhouse. » « J'ai toujours mes parents, à Dornach. » « Oui, des cousins à Fellering... » « ... mes sœurs, à Habsheim... » — « Et... vous ne les avez jamais revus?... vous ne les revoyez jamais? — Ah! si, je les vois, mais pas là-bas.

Ils viennent; eux, toujours, le 14 juillet. Tenez, le 14. ils étaient là. Surtout que c'était un dimanche... » Le 14 juillet, la Revue de Belfort : la grande accolade fiévreuse et bruyante de ceux qui sont « restés » avec ceux qui sont « partis »...

***

Un jour récent, deux grands industriels mulhousiens, de ceux qui ont vécu toute la vie de Mulhouse depuis cinquante ans, se rappelaient ensemble ce long drame, les tristesses et les angoisses de la séparation, les luttes, les départs, tout ce qui a suivi la grande désillusion, et Mulhouse souffrant encore des « vastes pensées » alors interrompues, non reprises. Ces deux mots conclurent leur entretien, l'un d'explication, l'autre de consolation :

« Nous n'avons rien fait depuis la guerre.

— Nous avons fait Belfort. »

METZ

METZ

Quand la garnison française sortit de Metz, dans la matinée du 29 octobre 1870, les Messins, si désespérés qu'ils fussent, ne mesuraient pas encore toute l'étendue de leur malheur. Avec ces convois de soldats déjà désarmés que des sous-officiers conduisaient aux avant-postes pour les « livrer » à l'ennemi, les Messins voyaient la France partir, et c'était déjà trop ! Mais ils ne savaient pas tout ce qui, de Metz, s'en irait à leur suite : des traditions, des hommes, et quelles seraient pour la ville, après les amertumes de la guerre, celles de la paix.

A travers les siècles s'était formée, lentement, la grande figure historique de Metz. Les missionnaires de la foi chrétienne apparaissant tout à coup aux confins du monde romain et catéchisant la vallée mosellane ; le tressaillement des communes s'émancipant de la féodalité ; l'unité française attirant à soi des lambeaux « à l'abandon » du Saint-Empire « en anarchie » (1), et, par eux, gagnant jusqu'au Rhin : toutes ces révolutions

(1) E. Lavisse, *op. cit.*, page 5.

avaient laissé derrière elles, dans Metz, des institutions qui duraient, et, dans la longue chaîne des générations messines, plus d'un souvenir fidèlement transmis. Metz, petit royaume d'un évêque, Metz, république de « grands bourgeois », Metz, depuis la « protection » du Roy, ville parlementaire et militaire : l'histoire de Metz était faite de ces apports successifs, et dans sa physionomie d'avant la guerre on retrouvait sans peine quelque chose de tous ces aspects.

Les évêques d'abord. Je ne m'étendrai point sur toutes les raisons pour lesquelles l'Église de Metz paraît « recommandable » au R. P. Meurisse, qui écrivit au dix-septième siècle l'histoire de ses évêques (1) : la « splendeur de leur sang », la « constance de leur orthodoxie », la qualification de saints que portent trente et un d'entre eux, non point acquise « par le martyre, qui est un chemin bien court pour y parvenir », mais « par un exercice stable et continuel des vertus, qui est un sentier beaucoup plus long, plus fâcheux et plus malaisé... » On peut dire, du moins, sans entrer dans le détail de tant de « considérations bien particulières », soigneusement numérotées par leur panégyriste, que, depuis saint Clément, le fondateur légendaire, citoyen romain à qui « saint Pierre lui-même mit le bâton en main comme Dieu fit autrefois à Moyse », plus d'un parmi ces évêques est resté populaire dans la mémoire des Messins. Qu'ils défendissent leur troupeau contre les Barbares — tel l'évêque Wala, qui tomba, le jeudi saint de 882, à Remich-sur-Moselle, sous les coups de l'envahisseur normand, — ou,

(1) *Op. cit.*, page 24.

plus tard, contre la « malheureuse gangraine » de l'hérésie protestante, lorsque « l'Église et la Religion » furent en butte à « toute la furie de l'enfer » (1); chéris du peuple de Metz qui les avait élus et qui les soutenait contre quelque intrus de soudaine investiture impériale, ou brouillés avec leurs électeurs et fuyant la ville, transportant à Vic le chef-lieu de leur résidence; qu'ils fussent Guise et Vaudemont, premiers courriers de la Lorraine, elle-même avant-courrière de la France, ou, comme l'illustre Coislin, de bienfaisants représentants de la France désormais souveraine; maîtres temporels de la ville ou glorieusement esclaves de leur mission pastorale, évêques batailleurs, évêques bâtisseurs, évêques de parti, évêques de cour, évêques d'État, ils ont rempli Metz de leur action, ils ont façonné puissamment son histoire et ses âmes.

En face d'eux, de bonne heure, un autre pouvoir s'était dressé. Dans l'émiettement des forces féodales : ducs de Mosellane, comtes de Metz, *voué* impérial même, les bourgeois représentaient déjà pour l'évêque, on l'a vu, le seul appui, ou la seule résistance. Pendant près de cinq siècles, Metz fut une république presque indépendante, gouvernée par un syndicat de quelques familles, les *paraiges,* bourgeoisie aristocratique ou aristocratie bourgeoise, lointaine infiltration des *phratries* ou des *gentes.* Les *bonnes gens des paraiges!* Les paraiges de Porte-Muzelle, de Jurue, de Saint-Martin, de Port-Saillis, d'Outre-Seille et du Commun! Les Chaverson et les Faulquenel, les Burthemin, les Collig. non, les Renguillon, et ces Baudoche dont Barrès

(1) *Ibid.,* page 603.

glorifia la descendance doucement obstinée : expressions et noms, de quartiers ou de clans, qu'on retrouve constamment, du treizième au seizième siècle, dans l'histoire messine. Au-dessus d'eux, mais longtemps dans leurs mains parce qu'il était issu de leurs familles et de leurs votes, le maître-échevin personnifiait la bourgeoisie de Metz, sa puissance et son orgueil : à la naissance d'un enfant, on souhaitait à la mère que son fils fût un jour « maître-échevin de Metz ou tout au moins roi de France ». C'est à cette bourgeoisie souveraine que Metz dut en grande partie la prospérité de son commerce d'alors, son existence heureuse et large, attestée par de nombreux dictons contemporains, et les utiles ressauts de son mauvais caractère : fiers et jaloux de leurs droits, ces bourgeois de Metz, à peine échappés du joug épiscopal, s'entendaient merveilleusement à maintenir plus nominale que réelle leur dépendance de l'Empire, à multiplier les chaînes de méfiance et les postes de précaution sur le passage de l'empereur quand il venait les visiter, à réserver leur attitude vis-à-vis de la France qui grandissait, ambitieuse, de l'autre côté. Sans doute, les paraiges, s'appauvrissant en argent et en hommes, moururent lentement ; sans doute l'autorité du maître-échevin s'évanouit, puis son titre même ; mais, de cette vie civique d'autrefois, des souvenirs demeurèrent, prêts à se réveiller aux époques de crise, comme les visions d'enfance dans un soudain péril. Le vieux titre échevinal, à une heure tragique, d'instinct, le peuple messin le retrouva. « Notre maître-échevin », ce fut, un jour, Félix Maréchal, le maire de 1870... La lignée des caractères s'était perpétuée. Égal amour de l'ordre et de la liberté, dévouement passionné à la chose publique, tout l'esprit du patriciat disparu resta celui de la bourgeoisie messine. Jusqu'à la fin, les hommes qui siégèrent à l'Hôtel de Ville de Metz ne furent point seulement le Conseil municipal d'une ville, mais encore autre chose et mieux : les chefs d'une cité.

De moindre ancienneté, la tradition parlementaire n'avait pas jeté de moins profondes racines. Elle n'y était apparue qu'à la suite du roi de France. Lorsque Henri II entra dans Metz à la faveur de son alliance avec les princes protestants de l'Empire, il y fut salué de deux titres qui ne se confondaient point : *Galliae rex et urbis protector*, roi de France et protecteur de la ville. S'il voulait rester à Metz, surtout s'il voulait convertir cette protection en souveraineté, il lui faudrait, comme à ses prédécesseurs, pour assurer son pouvoir, pour appuyer le Roy sur la Loy, l'autorité dévouée des gens de justice. Aussi, dès 1555, Henri II envoya-t-il à Metz un « président royal », président sans présidés, d'abord, mais qu'entourèrent bientôt un greffier et des huissiers, puis un procureur général, puis des gradués. En même temps, les prérogatives du président s'étendirent, il accapara le plus de cas possibles, prenant ici sur la juridiction des évêques, là sur celle des échevins, ailleurs sur d'autres petites justices souveraines, survivances des temps féodaux. Enfin, Henri IV fut sur le point d'ériger en Parlement ce petit tribunal de *missi dominici*, et, en 1633, Richelieu réalisa le projet de Henri IV. Les Messins ne virent pas tout de suite la jeune institution d'un œil favorable, ils épousèrent les ressentiments de leurs juges traditionnels, juges seigneuriaux, épiscopaux et municipaux, qui perdaient en importance tout ce que gagnait le Parlement; mais, le premier mouvement d'humeur passé, ils firent confiance à la justice nouvelle. Sans aller jusqu'à l'enthousiasme d'un certain Gobineau de Mont-Luisant (1) qui, dès la première année de l'existence du Parlement, célébrait en acrostiches les vertus de chacun des magistrats et chantait sur sa lyre les « Effects merveilleux » de ce « Juste Sénat »,

Oracle
Qui par ses purs Décrets va dissipant l'obstacle
De la Perversité,

ils virent bien, peu à peu, que les formules employées dans l'édit de création n'étaient pas vides de sens, ni les récriminations sur le passé sans raison, ni sans portée les engagements pour l'avenir : « ...usurpations d'aucuns... confusion et désordre... Justice et Police beaucoup mieux ordonnée et plus autorisée, pour empêcher nos sujets d'oppression et violence... » Aussi bien, rien ne manqua à la gloire du Parlement : les réceptions brillantes organisées pour lui ou par lui; les importantes consultations qu'on lui demandait sur les traités en préparation ou qu'il donnait sans qu'on les lui demandât; des causes fameuses de tout ordre, sévères ou plaisantes (l'accusation de « meurtre rituel » qui coûta la vie à Raphaël Lévy, de Boulay, les débats sur le titre de prince de Metz que s'octroyait l'évêque Claude de Saint-Simon, la violente opposition de M. Le

(1) *La Royale Thémis*, qui contient les effects de la justice divine, humaine et morale : l'establissement de la Cour du Parlement à Metz; et les Acrostiches sur les noms de nos seigneurs de ladite Cour, par Esprit Gobineau, sieur de Mont-Luisant, Chartrain (Metz, Claude Félix, 1634, in-4°).

Monnier au mariage de sa fille avec M. de Valdahon, la plainte énergiquement soutenue du sieur Boulanger, ancien chirurgien-major, contre le baron d'Huart, ancien capitaine d'infanterie, pour un serin volé, un serin qui lui « était cher au sein de sa médiocrité », un serin « formé par le goût de Favart » et qui chantait si bien *Le cœur de mon Annette...)*; enfin, les incidents violents qui mirent aux prises le Parlement de Metz, comme ses pareils, avec le pouvoir royal dans les dernières années de l'ancien régime, tout cela créait du mouvement et parfois de l'agitation dans la ville. On s'explique ainsi qu'il se soit formé des liens de plus en plus intimes avec le temps entre les familles de Metz et leur « Juste Sénat », et que la suppression des Parlements ait laissé parmi la bourgeoisie messine de nombreux parlementaires sans emploi qui ne demandèrent qu'à le redevenir sous la forme nouvelle, quand les Cours d'appel furent instituées. A la veille de 1870, presque dans chaque famille, il y avait un magistrat ou un avocat, un avoué ou un greffier, et tout Metz était un peu de la Cour.

Tout Metz, plus encore, était de l'armée. Périodiquement, les tumultes militaires avaient fait vibrer ses murs, ses carrefours et ses hommes. Metz gaulois donna, dit-on, cinq mille soldats à Vercingétorix : glorieux préambule à l'histoire de son patriotisme. Les Romains l'érigent en forteresse contre les invasions germaniques, et voilà Metz désigné pour les siècles comme un bastion d'honneur et de péril sur les « marches » du monde latin. A maintes reprises, des flots armés viennent, de l'est et de l'ouest, gronder à ses pieds : Metz subit quatre investissements au dixième siècle, un au quatorzième, trois au quinzième, enfin, en 1552, à peine entré sous la protection royale, ce siège fameux qui popularisa tout ensemble, le tableau et l'image aidant, François, duc de Guise, Ambroise Paré et Charles-Quint. A travers ces péripéties de ville assiégée qui devait toujours se tenir prête pour des attaques nouvelles, la carrière militaire de Metz s'était spécialisée. Avec ses bouches à feu de petit calibre qui, dès 1324, manœuvrées dans une sortie, au bas de la côte de Saint-Julien, forcèrent le roi de Bohême à « corner la retraite »; avec ses « serpentines » légères accompagnant une « chevaulchée » de Messins contre Lorrains, en 1442 (1); avec ses maîtres canonniers soldés en permanence dès 1348, Metz tenait à honneur d'avoir connu, peut-être avant toute autre ville, les valeureux fracas de l'artillerie, et il semble qu'alors déjà tout Messin naquit artilleur. La longueur, la largeur « stupéfiante » de ses fossés, ses tours menaçantes, « inexpugnables à l'ennemi », « comparables à celles de Babylone », avaient reçu au sixième (2), puis au onzième siècle (3), des hommages enthousiastes en vers latins; à dresser ces « tours », à creuser ces fossés, à étudier, combiner, transformer les robustes défenses de Metz, combien d'ingénieurs militaires s'exercèrent

(1) Cf. Larchey, *Maîtres bombardiers*, pages 11 et 17.

(2) Venance Fortunat, évêque de Poitiers, III, 13 :

Urbs munita nimis, quam cingit murus et amnis...

(3) Sigebert, *édit. cit.*, page 48 :

Laudo minas muri, quadris exaedificati,
Non facilis solvi, non expugnabilis hosti...
Mensurans latum, stupeas succrescere longum;
Suspiciens turres, Babylonis suspicor arces...

depuis lors ! et Metz fut de tout temps la ville bénie des « sapeurs ».

Artillerie et génie s'y installèrent donc un jour comme dans leur capitale naturelle et prédestinée : ce fut, en l'an XI, lorsque le Premier Consul, par un décret du 12 vendémiaire, eut prescrit la réunion à Metz de deux anciennes écoles royales jusqu'alors séparées (1), pour y « composer une école commune aux deux armes », l'École d'application de l'artillerie et du génie : forte création de Bonaparte, qui allait, plus que jamais, fondre intimement la population messine avec l'armée, raidir d'esprit militaire le moindre bourgeois de Metz. Pendant près de trois quarts de siècle, toutes les promotions de l'École polytechnique sont entrées dans l'armée en passant par Metz, égayant de leur joie de vivre la vieille cité, la rajeunissant chaque année de leurs espoirs. Les bâtiments de l'ancienne abbaye de Saint-Arnould, où l'École était installée, le polygone de Chambière, les « écoles de ponts » à Saint-Symphorien, les exercices d'infanterie au Ban-Saint-Martin; les maîtres éminents : Goulier, Poncelet, Morin, Didion; la « popote » de la rue du Commerce; le café du Heaume, avec ses deux entrées, l'une, rue Nexirue, par où les sous-lieutenants-élèves arrivaient de l'École, l'autre, sur l'Esplanade, où leurs « anciens vénérés » présidaient au « débourrage » des recrues du génie, casernées en face; l'amusement d'être appelés les *six-sous* par les gamins de la place de Chambre lorsqu'ils descendaient vers le Théâtre — parce qu'on les y abonnait d'office

(1) L'École d'artillerie de Châlons-sur-Marne et l'École du génie de Mézières, celle-ci transférée déjà à Metz depuis 1794.

en leur retenant une journée de solde, soit, tout compte fait, trente centimes par représentation... Quels charmants souvenirs, pour chaque promotion, de ces deux années d'apprentissage! et surtout, comme l'atmosphère messine leur était d'une familiale douceur! Beaucoup de ces jeunes gens étaient de Metz ou des environs : de toute la province française, c'est le département de la Moselle qui a fourni le plus d'élèves à l'École polytechnique. Et puis, la plus indirecte recommandation suffisait pour faire du sous-lieutenant-élève le fils adoptif d'une famille de Metz. Chacune avait « son élève ». « Amenez-moi votre élève », se disait-on de l'une à l'autre, en traînant un peu sur l'*è*, en appuyant un peu sur le *v* final, à la messine : jolis usages, jolies formules, — parfaite expression de la tendresse tutélaire de Metz pour son École, pour son artillerie, pour son armée.

Tout ce passé, si divers qu'il fût, épiscopal et municipal, de robe et d'épée, se prolongeait dans le présent, et la vie de Metz en 1870 était déterminée par son histoire, où chaque Messin revivait sa race et retrouvait de soi-même dans l'antique patrimoine commun. La guerre survint, qui défit en un jour ce que des siècles avaient fait.

Ce que fut la guerre à Metz, je ne prétends point le redire après tant d'autres; aussi bien n'en serait-ce pas ici le lieu. L'Armée du Rhin, — Borny, Gravelotte, Saint-Privat, — Bazaine : une ligne suffit pour ressusciter dans toutes les mémoires françaises l'histoire douloureuse de Metz perdu. Mais, fût-on ramené à

Metz par le souci d'y revivre les tristesses de l'exode plutôt que celles de la défaite même, en errant par ses vieilles rues et ses vieux papiers, on n'échappe point au spectre : il est partout.

Le voici, se levant des feuillets jaunis, dans tel dossier de pièces diverses égaré parmi des registres de statistique et de comptabilité. Les rêves du début, la guerre portée en Allemagne : une lettre du général commandant le grand quartier général, 28 juillet, Hôtel de Metz, chambre 38, qui demande pour la durée de la campagne « un interprète connaissant bien la langue allemande », situation qui « ne manquera pas de confortable, l'interprète accompagnant habituellement le général ». Après l'illusion du Rhin franchi, la lutte sans joie sur le sol national : le texte autographe, avec ratures et « bon à tirer » à soixante-dix exemplaires, de la proclamation du général Coffinières, commandant supérieur de la place, le lendemain de Gravelotte : « La bataille a été glorieuse pour nos armes », mais meurtrière, « présentez-vous au fort Moselle et recueillez chez vous les héros blessés de la bataille de Gravelotte ! » : *héros blessés* remplaçant *héros malheureux,* que le général avait écrit d'abord et qui lui parut sans doute moins pitoyable que démoralisant. Puis, la fin, 26 octobre, 29 octobre, lettres du maréchal à la municipalité : la place doit subir le même sort que l'armée, remerciements à la population pour les soins donnés aux malades et aux blessés, les derniers documents sans doute qui portent la signature : *Le maréchal de France commandant en chef l'armée sous Metz, Bazaine.*

Les voici, toutes les visions lugubres, dans la moindre

conversation avec les vieux Méssins ou leurs fils, dans leurs gestes et dans leur langage même, où se devine la présence familière du passé : « La bataille du 14 », « la bataille du 16 » : point n'est besoin d'une précision de mois, ni de lieu; où l'on s'est battu le 14, le 16, le 18 août, personne ne s'y trompe ici. Les souvenirs se pressent en foule, entre ces murs qui ont vu. La rue Serpenoise, la dernière entrée de l'Empereur à Metz, le 28 juillet : défilé déjà triste, quelques Cent-Gardes en avant de la voiture, mais pas de soldats formant la haie, pas de coups de canon, pas de sonnerie de Mutte, et Napoléon III très pâle, l'air soucieux... La place de la Préfecture. C'est de là qu'il est reparti, le 14 août, pour Châlons, — pour Sedan...; les voitures ont tourné à gauche, ici, tout de suite du côté du Pont-Thiffroy, puis elles ont gagné le large, là-bas, vers ces hauteurs, la route d'Étain... Et toujours revient le nom de Bazaine. On se doutait de quelque chose, depuis longtemps. On ne comprenait rien à l'inertie du commandement. On parlait avec irritation de terreurs calculées que l'autorité militaire voulait provoquer en ville pour avoir des prétextes à négocier, de communications tardives créant tout à coup des situations graves qu'il eût été facile de prévenir. Un jour même, solennellement, la municipalité protesta. Là, sur ces marches de l'Hôtel de Ville, dans la soirée du 13 octobre, le maire Félix Maréchal, entouré de tout le Conseil municipal, apparaît à la foule, et, d'une voix lente, grave, donne lecture d'une lettre du Conseil au général Coffinières, dégageant la responsabilité de la ville, mais affirmant qu'elle fera tout son devoir, qu'elle veut lutter jusqu'à la dernière extrémité. Le lendemain ou le surlendemain, l'*Indépendant de la Moselle* rappelait le texte des lois et règlements militaires qui condamnent à la dégradation et à la peine de mort le commandant d'une place de guerre, lorsqu'il capitule sans avoir repoussé au moins un assaut au corps de place. L'angoisse devenait de jour en jour plus précise, chacun rapportant des mots, des attitudes étranges du maréchal. A un intendant qui lui annonçait que les approvisionnements n'étaient pas encore sur le point de manquer, Bazaine avait répondu : « Que voulez-vous que cela me fasse? Il faut en finir et nous en aller. » Il en finit... La Place d'Armes. La statue de Fabert, maréchal de France, lui aussi, avec son inscription connue, très connue, mais qu'on ne peut pas s'empêcher de relire ici, mot par mot, et qui soulève le cœur contre l'autre, humiliant contraste qui échaufferait d'une rage *peuple* le plus *snob* des boulevardiers : « Si, pour empêcher qu'une place que le roi m'a confiée ne tombât au pouvoir de l'ennemi, il fallait mettre à la brèche ma personne, ma famille et tout mon bien, je ne balancerais pas un moment à le faire. » Cette statue, un voile de crêpe la couvrait, le 29 octobre, quand les troupes allemandes entrèrent dans la ville.

***

Alors la dispersion commença.

La garnison partit, prisonnière de guerre. Elle ne revint pas. L'École d'application fut reconstituée, à Fontainebleau. (1) De la vieille tradition militaire

(1) L'École centrale de Pyrotechnie militaire, qui avait également son siège à Metz avant la guerre, fut transférée à Bourges.

française, il ne restait, il ne pouvait rien rester dans Metz annexé. Rien que le souvenir, et des souvenirs : statues, « maisons natales », noms de rues, Fabert, Ney, Lasalle, Richepance, Paixhans : tristes ombres qui ne sont point la vie. Et que les nouveaux arrivants n'eussent point de racine dans la population, qu'il n'y eût plus à Metz, au lieu des familles et de « leurs » élèves, qu'une armée de vainqueurs face à face avec un peuple de vaincus, cela était naturel, notoire, et il serait superflu d'y insister.

De Metz parlementaire il ne resta pas davantage. Rien n'y remplaça la Cour d'appel française. Dans l'organisation de la Terre d'Empire, les Allemands ne laissèrent subsister qu'une seule Cour d'appel, étendant sa juridiction à toute l'Alsace-Lorraine : celle de Colmar. D'ailleurs, plutôt que de se mettre au service du régime nouveau, tous les magistrats du pays annexé, sauf de très rares exceptions, « rentrèrent » en France. La plupart des magistrats de la Cour de Metz, surtout ceux qui étaient originaires de la région, se retrouvèrent à la Cour de Nancy, qu'on augmenta d'une quatrième Chambre (1), laquelle fut uniquement composée des ex-magistrats messins (2). Dernière pelletée de terre sur le passé : ceux mêmes que venait

(1) Il avait été décidé d'abord (27 mars 1871) que les magistrats de l'ancienne Cour de Metz seraient convoqués provisoirement à Charleville-Mézières pour procéder à l'expédition des affaires. La quatrième Chambre de Nancy ne fut créée que l'année suivante (25 mars 1872), création temporaire qui devint définitive en 1875.

(2) Décret du 30 mars 1872 nommant, à la Cour de Nancy, comme président de Chambre : M. Gérard d'Hannoncelles, ancien conseiller à Metz [né à Verdun, mais de famille messine]; comme conseillers : MM. des Godins de Souhesmes, Chonet de Bollemont [de Metz]; Henriet, Thilloy [de Sarreguemines], Cotelle, Pidancet

d'atteindre la limite d'âge, c'est « à la suite » de la Cour de Nancy qu'ils furent nommés *honoraires* (1); le nom même de Metz disparaissait des Annuaires judiciaires.

Sans doute l'évêque resta. Et cet évêque fut grand. Napoléon III, qui le savait royaliste et Breton, avait dit un jour de lui : « Mgr. Dupont des Loges ne se laissera pas gagner, mais c'est un évêque ! » Tel il avait été jusqu'en 1870, tel il devait être, à plus forte raison, dans la situation nouvelle que l'occupation ennemie créait à son diocèse. Puisque la sainteté de son ministère était capable de forcer le respect, d'arrêter la menace des vainqueurs, il n'abandonnerait pas son troupeau malheureux, il saurait refaire, de ses longues mains pâles, les gestes sacrés qui défendirent, de tout temps, les chrétiens en péril. « Mes chers diocésains n'ont plus que moi... », disait-il. *Defensor civitatis!* Les évêques des temps troublés revivaient en lui. Il mena seize ans cette rude et noble existence, exact à remplir tous les devoirs de sa charge sans jamais donner au

---

[de Metz]; Pécheur [de Metz], anciens conseillers à Metz; avocat général, M. Poulet, avocat général à Alger (depuis le 27 avril 1871), mais, précédemment, substitut du procureur général à Metz; M. Godelle, avocat général à Metz, passa aussi, comme procureur général, à Nancy.

(1) Décrets du 30 mars et du 23 juin 1872 : MM. Limbourg [de Florange], président honoraire; Gougeon, de Turmel [de Metz]; Dufour, Demengeot [de Bar-le-Duc] et Villard [de Rethel], conseillers honoraires. (M. Gougeon avait déjà l'honorariat à Metz avant la guerre). Il faut ajouter à cette liste des « Messins » devenus « honoraires » à Nancy : M. Grand, qui ne se trouve pas dans ces décrets (je ne sais pourquoi, car, retraité comme M. de Turmel ou M. Dufour, à la date du 8 mai 1871, il figura comme eux à l'Annuaire parmi les « honoraires » de Nancy); — M. Huot, qui était (comme M. Gougeon), conseiller honoraire à Metz dès 1869; — et le baron de Gérando, procureur général à Metz, nommé premier président honoraire à Nancy, le 27 octobre 1873.

gouvernement allemand l'occasion de décréter à son propos, selon le mot spirituel d'un autre prêtre annexé, (1) « l'état de siège dans les affaires ecclésiastiques », mais tenant à honneur de ne jamais cacher ses sentiments : le 7 septembre 1871, quelques mois après l'annexion, à l'inauguration du monument élevé dans l'île Chambière aux soldats français morts pendant le siège, (2) il avait rappelé, au milieu des sanglots de la foule, la recommandation de saint Paul : « qu'il ne faut pas s'attrister comme ceux qui n'ont point d'espérance », et, presque à la fin de sa carrière, quand le maréchal de Manteuffel, statthalter d'Alsace-Lorraine, lui offrit de la part de l'empereur Guillaume la croix de la Couronne de fer, il répondit par un refus très digne, invoquant la fidélité à son passé et la religion de ses souvenirs. « Nous dormions à son ombre, devait écrire un de ses fidèles, et il semblait que cet homme ne dût jamais mourir. »... (3) Il mourut ; et si son premier successeur, Mgr. Fleck, un Alsacien, qu'il avait réussi à se faire donner comme coadjuteur avec succession future, dirigea l'administration du diocèse selon le cœur du grand prélat mort, ce ne pouvait être qu'une manière d'intérim et par une tolérance d'en haut qui n'engageait point le lendemain. Il est vrai que des décrets pontificaux consécutifs au

(1) Le mot est du chanoine Dacheux, dans sa *Cathédrale de Strasbourg*, page 59.

(2) C'est même lui, dit-on, qui fit inscrire sur une des faces du monument ce texte des *Macchabées : « Malheur à moi ! Fallait-il naître pour voir la ruine de mon peuple, la ruine de la cité et pour demeurer au milieu d'elle, pendant qu'elle est livrée aux mains de l'ennemi ! »*

(3) Cf. abbé F. Klein, *op. cit.*, page 480.

traité de Francfort avaient, depuis 1874, rattaché directement l'évêché de Metz (ainsi que celui de Strasbourg) au Saint-Siège; mais cette solution élégante de nombreuses difficultés apparues à la suite de l'annexion, n'abrogeait nullement les autres dispositions du Concordat dans les diocèses séparés de la France et laissait entière l'influence de l'État, c'est-à-dire, désormais, de Berlin, dans la nomination de l'évêque. Sans doute aussi, cette ville couverte d'églises et de couvents, tant de prêtres nés du terroir lorrain, l'influence, même posthume, de tant d'établissements d'instruction religieux dont l'annexion avait vidé les classes ou dont le Kulturkampf avait chassé les maîtres, en un mot, tout ce qui subsistait de la tradition épiscopale autour de l'évêque, quel qu'il fût, ne manquerait pas d'imposer aux successeurs de Mgr. Dupont des Loges, même s'ils venaient d'outre-Rhin, comme un devoir de politesse déférente envers la fille aînée de l'Église, et le parfum qui s'élevait de ses traces ne pourrait être indifférent à leur cœur chrétien. Mais, en réalité, tout était changé. Mgr. Dupont des Loges avait été le protecteur de son troupeau; l'évêque allemand, lui, qu'il le voulût ou non, ferait fonctions de commissaire impérial, serviteur officieux d'une cause qui n'était point celle du souvenir, et l'ancienne intimité des fidèles avec leur pasteur ne pourrait plus être la même, car quelque chose demeurait en eux, qui n'était plus en lui.

Dans cette fuite et ce désarroi de tout, que devenait la bourgeoisie messine, ces autres « défenseurs de la cité », et que devenait la cité même? Ils agirent fidèlement. Ils furent, à leur tour, des exemples. Le 11 février 1871, avant la signature des Préliminaires de paix, le

Conseil municipal envoya à l'Assemblée de Bordeaux un *Mémoire pour la Ville de Metz*, qu'il confirma et développa, le 13 avril, par un second mémoire adressé aux plénipotentiaires réunis à Bruxelles pour négocier le traité définitif : historique complet de Metz; des faits, éloquents par leur énumération seule et leur précision. « La ville de Metz a été de l'Empire », certes, mais, avant d'être du Saint-Empire, elle fut de l'Empire de Charlemagne, du royaume de Clovis, de la Gaule indépendante ; Metz a été de l'Empire, mais comme en ont été « d'autres parties de la France, comme l'Italie, comme l'Allemagne », un des « États indépendants » de toutes tailles dont le Saint-Empire n'était que l'agrégat. Les Messins ont été de l'Empire, mais il y a « maint exemple de leurs résistances et même de leur formel refus au payement des aides et subsides réclamés d'eux par l'Empereur », et, « pour ce qui est de la juridiction, ils avaient interdit tout appel des jugements de leurs magistrats à la Chambre impériale ». Même dans ces temps lointains, c'est vers les foires de Champagne et le *Landit* de Paris que les marchands messins se dirigeaient. Dès 1214, un des plus anciens titres législatifs écrits en français, avec date certaine, est un document messin, la *Lettre de la commune paix de Metz*. Ainsi, « même quand Metz, ville libre, était, par un lien fragile, rattaché à l'Empire germanique, sa langue, sa littérature, ses chroniques, ses actes publics ou privés, le nom de ses écrivains et de ses habitants, tout était exclusivement français », et aujourd'hui (recensement de 1866), sur 47.242 personnes, 44.367 sont de langue française. Que l'on considère donc soit le « passé qui est mort », soit la vie du présent, c'est-à-dire « ces grands intérêts qui constituent la vie morale et matérielle d'un peuple, il est impossible d'approuver et même de comprendre la violente annexion d'une ville que la langue, les origines, le commerce, les sentiments intimes, tout en un mot attache à la France comme tout la sépare invinciblement de l'Allemagne »... Science, logique, dévouement inutiles. Les Messins n'avaient pas à comprendre ni à approuver. Le traité fut signé. L' « annexion violente » s'accomplit.

Les Messins continuèrent à ne pas comprendre, et à le dire. Lors des premières élections de l'Alsace-Lorraine pour le Reichstag, en 1874, Edmond Goudchaux, qui était israélite et républicain, se chargea, on le sait, au nom d'un groupe de Messins, d'offrir la candidature à Mgr. Dupont des Loges, et il n'eut pas de peine à rallier toutes les opinions comme toutes les confessions sur le nom de l'évêque de Metz. « Je ferai voter mon homme pour *notre* évêque », s'écriait une vieille femme juive, la veille de l'élection, dans la rue de l'Arsenal, le quartier israélite de Metz. Mgr. Dupont des Loges fut élu, partit pour Berlin, se concerta en route avec ses collègues alsaciens-lorrains sur la conduite à tenir devant le Reichstag et signa de tout cœur la fameuse « Proposition Teutsch et consorts » : « Plaise au Reichstag décider : que les populations de l'Alsace-Lorraine, incorporées sans leur consentement à l'Empire d'Allemagne par le traité de Francfort, seront appelées à se prononcer d'une manière spéciale sur cette incorporation. » Aux élections de 1877, « leur » évêque ne se représentant plus, c'est leur maître-échevin que les Messins envoyèrent au Reichstag, Paul Bezanson, maire de Metz, qui venait d'être révoqué pour avoir fait acte de candidat protestataire. Il saurait, lui aussi, « s'inspirant des sentiments intimes de ses électeurs », « défendre leurs droits imprescriptibles et sacrés »; et; en effet, il renouvela devant le Parlement de Berlin la plainte énergique de 1874 : « ... De même que la question d'Orient, l'annexion de l'Alsace et de la Lorraine est une cause d'inquiétude pour les esprits, d'effroyables préparatifs belliqueux, d'une augmentation constante du budget de la guerre... Des milliers d'optants sont expulsés, ce qui bouleverse complètement le pays. Au nom de l'Alsace et de la Lorraine, au nom de l'humanité, je vous prie, Messieurs, de ne pas passer légèrement devant une telle misère. En présence de ces maux, nous aurions bien un moyen de soulagement à vous proposer; mais ce serait un moyen héroïque : laisser l'Alsace à elle-même... » Bezanson mort (1882), M. Antoine lui succéda, l'ardent Dominique Antoine, qui connut toutes les grandeurs et toutes les âpretés de la lutte, les vexations policières, la prison, la Cour de Leipzig, l'exil. Puis, après Antoine, d'autres encore, qui durent être parfois, plus que leurs prédécesseurs, des « politiques », mais ne demeurèrent pas moins fidèles qu'eux à la tradition messine : Dellès, Haas, Pierson... Chez tous ceux qui étaient restés, une foi veillait, tantôt agissante, tantôt accablée et douloureuse, présente toujours.

Mais le nombre de ceux-là diminuait d'année en année. Tout ce qui, dans Metz, était du monde militaire et parlementaire, s'en était allé tout de suite, avec l'armée, avec la Cour, avec la France. Pour des raisons qui n'étaient pas seulement d'ordre économique, les quelques industriels de Metz (ils étaient assez peu nombreux, l'industrie ne recherchant guère les enceintes fortifiées où l'on est trop à l'étroit et le voisinage des frontières où l'on est vite en danger) transportèrent tout ou partie de leurs établissements de l'autre côté de la nouvelle frontière : à Frouard, à Pagny-sur-Moselle, à Bar-le-Duc, à Nancy surtout : minoterie, fabriques de chaussures, imprimerie, bonneterie, appareils de précision, — tels, aujourd'hui, des plus grands établissements industriels de Nancy, ce sont des hommes et des capitaux de Metz qui les ont faits. L'Académie de Metz, la Société d'archéologie et d'histoire de la Moselle donnaient, avant la guerre, une image assez exacte de la bourgeoisie messine. Des hommes de situations très diverses s'y rencontraient : des avocats, Dommanget, Maguin, Ch. Abel, Eliézer Lambert; des magistrats, le président Salmon, de Gérando, le procureur général, le conseiller Thilloy; des officiers, le commandant Goulier, le général Didion, le colonel Virlet; des ecclésiastiques, l'abbé Fleck, le pasteur Cuvier; des artistes, Émile Michel, Hussenot, Ch. Pêtre; des médecins, le Dr Haro, le Dr Isnard, le Dr Scoutetten. Et bien d'autres encore : M. Aug. Prost, l'historien de Metz, le Dr Maréchal, le maire, M. de Chanteau, M. de Tinseau, M. Bouchotte, M. de Bouteiller, les deux Simon, le chimiste et le banquier, M. Mézières, recteur émérite, M. Claude Collignon, M. Alcan, libraire-éditeur, le vicomte de Pange, le comte du Coëtlosquet, M. Olry Terquem, ancien pharmacien, Th. et Ch. de Gargan, les maîtres de forges, M. Justin Worms, homme de lettres et banquier, M. Vever, bijoutier, M. Simon-Fabvier, pépiniériste, M. Ed. Mouzin, le directeur de l'École de musique : mais tous vieux Messins, Messins de famille et de naissance, ou, quelques-uns, de fervente adoption, non moins Messins que s'ils avaient en venant au monde respiré l'air de la place Sainte-Croix ou de la Porte Saint-Thiébault... L'« annexion » dispersa toute cette société messine ; à travers les Annuaires et les rapports on en peut suivre l'émigration. L'Académie Stanislas, de Nancy, s'ouvrit largement à la « Société-sœur », elle reçut comme titulaires, au fur et à mesure des vacances, plusieurs des titulaires de Metz (1), et elle ajouta à ses « associés-correspondants nationaux », à la date du 22 novembre 1872, une section nouvelle, la « Section de Metz », comprenant tous les membres de l'Académie de Metz réfugiés à Nancy. Quant à la Société d'archéologie et d'histoire de la Moselle, elle « avait fini par n'avoir plus de bureau », dit son secrétaire-archiviste (2) ; elle ne publia plus ses mémoires que de loin en loin, en 1876, en 1879, en 1885, et elle était presque dissoute en fait, lorsque le président de la Lorraine, en 1888, s'occupa de la reconstituer en y appelant les immigrés.

Metz s'était vidé, rapidement, de sa grande bourgeoisie, et de l'autre aussi, et de tout son peuple. La France était si proche ! point de fleuve, point de montagne pour les séparer d'elle ; une route toute droite, tout unie, ou quelques minutes de chemin de fer, et ces Messins échapperaient à l'étranger, retrouveraient la France, les Français, la langue française. En 1869, il y

---

(1) Le général Didion, Maguin, Émile Michel.

(2) L'abbé Ledain, séance du 13 mars 1873. L'ancien président, M. de Bouteiller, les deux vice-présidents, MM. Dufresne et Dommanget, le secrétaire, M. Durand de Distroff, étaient tous partis pour la France.

avait à Metz 48.325 habitants; le 1er décembre 1871, il en restait 39.937; le 1er octobre 1874, 35.696. De gros in-folios banals, des noms de rues, des numéros de maisons, des noms de famille, des prénoms : c'est le « recensement » de la ville en 1869, nomenclature administrative, sèche et froide. Oui, mais regardez bien, et vous verrez, tout d'un coup, se dérouler l'exode, car, ces feuilles remplies à la veille de la guerre ont été mises à jour au lendemain de la paix, à la fin de 1872, et, dans la dernière colonne, celle des *Observations*, un petit mot, toujours le même, simple et navrant, se répète à l'infini, quelquefois sur plus de la moitié des lignes d'une page : « parti », « parti à Pont-à-Mousson », « parti à Nancy », « parti à Paris », « parti en France », « parti pour la France », « parti », « partie », « parti »...

Et peu à peu aussi les places vides se remplissaient. Je ne voudrais pas insister — car des faits nouveaux sont survenus et l'illusion nous serait dangereuse — sur la pauvreté dont souffrit longtemps l'Allemagne, sur l'existence âpre et difficile qu'imposèrent aux Allemands, depuis les temps les plus reculés jusqu'à des jours très voisins de nous, leur ciel hostile et leurs sillons rebelles : il y a plus de dix-huit cents ans déjà, c'est parce qu'il était las de ses solitudes marécageuses, dit Tacite, (1) que le Germain envahissait périodiquement les Gaules, brûlant du désir de posséder ce sol fertile, de posséder aussi ceux qui l'habitaient : *fecundissimum hoc solum vosque ipsos possiderent;* et, hier encore, interprètes

(1) « *Eadem semper causa transcendendi in Gallias, libido atque avaritia, et mutandae sedis amor, ut, relictis paludibus et solitudinibus suis, fecundissimum hoc solum vosque ipsos possiderent.* » (Discours de Cerialis, TACITE, *Hist.*, IV, 73)

peut-être malicieux, mais non point infidèles, du vieux texte latin, de brillants polémistes alsaciens exerçaient leur verve aux dépens « des faméliques qui se sont abattus sur l'Alsace-Lorraine, au lendemain des désastres de 1870 » (1). Mais il semble bien que cette théorie séculaire se soit vérifiée à Metz. L'Allemagne de 1871 avait besoin de se répandre, de se répandre pour s'enrichir. Trois mille logements vides, la valeur de la propriété moindre de moitié (2), quel attrait! Metz, conquis par les armes, apparut aussitôt comme une colonie fort habitable à beaucoup de gens qui n'avaient rien à laisser de l'autre côté du Rhin, que de mauvaises notes dans un dossier ou de mauvaises affaires en suspens. (3)

Ici l'on voit d'un plein regard un des effets économiques et sociaux de la guerre. Quand l'armée recule, ce n'est pas elle seulement qui cède du terrain : recule avec elle toute la vie nationale dont elle a la garde, tout ce qui n'est plus chez soi, elle étant partie, tandis qu'approchent les appétits étrangers, sous la protection du pavillon victorieux : vérité aussi vieille que les plus vieilles invasions, mais qu'il faut rappeler de temps en temps et que Metz illustre de son douloureux exemple.

La population messine d'avant la guerre ne comprenait guère que des originaires du pays. Je ne crois pas qu'il y eût alors à Metz 1 1/2 o/o d'habitants venus d'Allemagne ; tous les autres, sauf quelques exceptions (2 à 3 o/o de Français de l'intérieur, 1 1/2 o/o

(1) *Le Nouvelliste d'Alsace-Lorraine*, n° du 11 janvier 1913.

(2) Discours de Paul Bezanson au Reichstag, mars 1877.

(3) « Nous savons ce que nous perdons, disait, à cette époque, un haut fonctionnaire allemand de Metz, et nous connaissons mieux encore ce que nous aurons à la place. » (Cité par d'Elstein, *op. cit.*, p. 89)

de Luxembourgeois, quelques Belges, quelques Alsaciens), étaient de Metz même, ou du pays messin, ou Lorrains des environs. Aujourd'hui, sur un petit groupe de 37 habitants d'une rue ouvrière où prédomine pourtant l'élément lorrain, je trouve 16 Allemands immigrés; sur un autre ensemble plus considérable, 700 habitants d'un quartier pris au hasard, j'en relève 216 qui sont étrangers au pays par leur naissance; ailleurs, sur 700 encore, 263 étrangers; et, de ces 216, de ces 263, la presque totalité vient d'Allemagne, de toutes les parties de l'Allemagne, Palatinat, Province rhénane, Bavière, Prusse, Würtemberg, Bade, Silésie, Westphalie. Encore le hasard (1) m'a-t-il favorisé! car, si la population de Metz a fini par rattraper, récemment, son chiffre d'avant la guerre (2), sur ces 48.000-là, on compte que la moitié au moins sont des importés d'Allemagne. Et, de ces 25.000 Allemands, beaucoup, comme on dit, ont bien fait leurs affaires. Ils ont acheté, ils ont construit, surtout depuis une dizaine d'années. Sans doute, sur 100 immeubles appartenant à des immigrés, 80 sont grevés d'hypothèques, tandis que la proportion est inverse (20 à 25 o/o) pour les propriétés d'indigènes, et l'on peut s'amuser au souvenir récent d'une rue en construction que le populaire appelait la rue des Hypothèques; il n'en est pas moins

(1) Ou ce fait que, dans les trois cas que je viens de citer, je n'ai « opéré » que sur les naissances; or, beaucoup déjà sont nés à Metz, mais dont les parents venaient d'ailleurs.

(2) Le recensement de 1910 indique une population civile de 55.191 habitants; mais, pour que la comparaison soit juste, il faut défalquer de ce chiffre la population de Devant-les-Ponts et de Plantières-Queuleu qui n'ont été réunis à Metz qu'en 1908 : d'où 6.546 en moins, ce qui nous donne 48.645 habitants, soit à peu près le chiffre d'avant la guerre.

vrai qu'avec l'aide de leurs compatriotes, des Banques hypothécaires d'Allemagne, qui leur ont avancé probablement plus de trente millions, ils possèdent aujourd'hui la moitié des immeubles de Metz, l'autre moitié appartenant à des indigènes, restés dans le pays ou partis en France. C'est un livre d'histoire, lui aussi, sous son banal cartonnage de toile couvert de réclames, que cet *Adressbuch* de la ville de Metz, qui donne, outre la liste de tous les habitants de Metz maison par maison, le nom, pour chacune d'elles, de son propriétaire, avec une petite étoile dans la marge s'il ne l'habite pas en personne; livre émouvant, non seulement parce qu'on s'y heurte parfois à des mentions comme celles-ci, pleines de passé, d'autant plus pénibles qu'elles sont plus bizarres : « Compagnon, *Colonel in Potier* », « De Richard d'Aboncourt, *Major a. D., Lille* », « *Graf* de la Rochethulon, *General, Paris* », « Maizières, *Erben* », « Michel *Emil, Hauptmann,* Lorient, *Frankr.* » (1); non-seulement parce que les petites étoiles, c'est Pont-à-Mousson, c'est Bar-le-Duc, c'est Verdun, c'est Vitry-le-François, c'est Paris, c'est Nancy, et encore Nancy, et toujours Nancy; mais simplement parce que ces maisons, c'étaient, autrefois, la maison Pierson, la maison Humbert, ou Daubrée, ou Vautrin, ou Tabellion, et que les nouveaux propriétaires s'appellent Crummenauer et Rheinländer, Schöning et Lauxtermann, Enders et Krause, Thielen et Langhommer...

(1) J'ai respecté l'orthographe. « Colonel à Poitiers ». « Major en retraite, Lille ». « Comte..., général, Paris ». « Héritiers Maizières ». « Capitaine, Lorient, France ». Les héritiers *Maizières :* il s'agit ici de la maison familiale de M. Alfred Mézières, de l'Académie française.

Les départs continuent. Point de semaine que des chargements de mobilier ne suivent cette route, et les Messins le savent bien, qui profitent du retour à vide pour faire venir leurs « commissions » de Nancy. « Il y a plus de Messins à Nancy qu'à Metz; vous n'avez qu'à vous retourner, vous en verrez partout » : image familière de ce flux perpétuel, qu'un autre Messin définit plus littérairement, en me disant avec un sourire triste : « Metz n'est plus dans Metz, Metz est tout à Nancy. » Se retirer des affaires, pour beaucoup de Messins, c'est quitter Metz et s'en aller à Nancy. Et de Nancy on ne revient pas, on ne vient pas à Metz. Mais d'Allemagne on y vient toujours. De ceux qui étaient accourus à Metz pour tenter la chance d'une existence meilleure, si quelques-uns sont restés, même après fortune faite, beaucoup, sinon la plupart, retournent chez eux, et d'autres arrivent, qui les remplacent aussitôt.

Mais invasion n'est pas pénétration. Quelques années après la guerre, un « président de la Lorraine », M. d'Arnim, disait à M. Antoine, avec une bonhomie apparente qui n'allait pas sans rudesse : « C'est très beau de protester. Mais pourquoi? Il serait si simple de nous entendre, nous qui arrivons, vous qui partez! » Il ne semble pas que Metz ait obéi à ces suggestions. Autrefois, un peuple homogène et d'un seul cœur; aujourd'hui, deux populations juxtaposées, non fondues, gênées et méfiantes, l'une parce qu'il y a trop d'étrangers dans sa ville, l'autre parce que la ville lui demeure, malgré tout, étrangère. Il n'y a pas un Messin qui ne sache, sans la moindre hésitation, dénombrer son Conseil municipal : le maire, Lorrain, quinze conseillers, Lorrains, trois autres qui sont d'assez bons ou de très bons Lorrains sans être Lorrains de naissance, dix-huit conseillers Allemands. Leur langue et leurs habitudes; le décor où ils se meuvent et tout ce qui reste de France dans leur vieille ville, la Cathédrale et les longues rues étroites qui se serrent autour d'elle, la belle ordonnance de la Place d'Armes, la grâce somptueuse du théâtre de Blondel, de l'Hôtel de Ville, du Palais de Justice; leurs allées et venues par-dessus la mauvaise frontière, pour aller voir, là-bas, leurs frères, leurs parents, leurs amis : tout cela fait aux indigènes une existence *à côté* de celle des immigrés. Sans doute, ils ont pu connaître des heures difficiles, se sentir désemparés : trop de leurs « dirigeants » ne sont plus là. Il n'importe. Ceux qui restent, résistent, par le seul fait qu'ils restent. Grâce à eux, entre Nancy, Briey, Pont-à-Mousson, Lunéville, Metz, une sorte de continuité provinciale survit à la brisure territoriale. Et grâce à eux, la poussée n'est pas plus forte; puisqu'ils sont là, ils sont le rempart, ils amortissent l'invasion... Par les rues de Metz, à la pensée de tous ceux qui sont partis, à la vue de ceux qui sont arrivés, on sent passer avec un frémissement les mots de Tacite : « ... toujours la même raison d'envahir les Gaules... : posséder ce sol fécond, posséder ces habitants... » On en frémirait plus encore si l'on ne trouvait quelque réconfort dans le courage et jusque dans la tristesse fraternelle de ceux qui sont restés.

ALSACIENS D'ALGÉRIE

ALSACIENS D'ALGÉRIE

Le 4 mars 1871, trois jours après la ratification des Préliminaires de paix par l'Assemblée Nationale, M. de Belcastel, député de la Haute-Garonne, déposait le projet de loi suivant :

L'Assemblée Nationale, attachée par des liens de cœur indissolubles aux patriotiques populations de l'Alsace et de la Lorraine, dont elle a cédé avec une douleur profonde, sous l'empire de circonstances qu'elle n'a point faites, le territoire matériel, et voulant autant qu'il est en son pouvoir garder les âmes et les bras de si vaillantes races,

Décrète :

Une concession de cent mille hectares des meilleures terres dont l'État dispose en Algérie, est attribuée aux Alsaciens et aux Lorrains habitant les territoires cédés qui voudraient, en gardant la nationalité française, demeurer sur le sol français. (1)

L'Algérie, en 1871, n'était pas pour les Alsaciens une terre inconnue. Beaucoup d'entre eux avaient fait partie des troupes de la conquête, et quelques-uns

---

(1) Le projet portait, avec la signature de M. de Belcastel, celles de ses collègues Jules Buisson, de l'Aude, et Baucarne-Leroux, du Nord. — Nous ne donnons ici que l'essentiel du texte de M. de Belcastel : le préambule du projet et l'article 1er.

étaient revenus en Afrique après leur libération; ceux qui étaient restés en Alsace y contaient leurs prouesses, familiarisaient leurs compatriotes avec les merveilles du pays où ils avaient servi, et ces histoires d'anciens, dont le souvenir s'est perpétué dans mainte famille alsacienne, avaient provoqué plus d'une vocation colonisatrice. Aussi bien, d'autres influences agirent-elles, campagnes de presse et circulaires administratives, d'une action plus méthodique, et capable d'effets plus généraux. Pendant de nombreuses années à la suite de la conquête, les projets de colonisation les plus divers avaient passionné les esprits : colonisation par les soldats et les vétérans laboureurs, colonisation par les enfants trouvés ou abandonnés, colonisation par les « orphelins pauvres », colonisation par les jeunes détenus, colonisation par « nos classes mendiantes et indigentes », colonisation par les sans-travail de 1848 (1); d'autres projets encore, parmi lesquels celui-ci,

(1) On peut consulter à ce propos, entre autres livres ou brochures : Bugeaud, *De l'établissement de légions de colons militaires dans les possessions françaises du nord de l'Afrique*, Paris, Didot, 1838, in-8° ; — Baillet, *Réflexions sur la colonisation de l'Algérie à l'aide des enfants trouvés ou abandonnés...*, Rouen, 1850, in-8° ; — Ed. de Tocqueville, *Des enfants trouvés et des orphelins pauvres comme moyen de coloniser l'Algérie*, Paris, Amyot, 1850, in-8° ; — A. Amaury, *Projet d'établissement de colonies agricoles à fonder en Algérie, proposé comme un des plus puissants moyens d'extinction de la mendicité et même du paupérisme en France*, Paris, Pollet, 1842, in-8° ; — Louis Reybaud, *Rapport présenté au ministre de la Guerre par la Commission d'Inspection des colonies agricoles de l'Algérie*, Paris, Imprimerie Nationale, 1849, in-4° ; — A. Dénain, *Appel au Roi et aux quatre-vingt-six départements de la France*, Paris, Dentu, 1847, in-8° ; — Baillet, *Projet d'un village et d'une grande ferme normande en Algérie*, Rouen, 1849, in-8° ; — Lieutaud notaire à Alger, *Société angevine pour le placement des colons en Algérie*, Angers, 1847, in-4° ; — Aug. Roncière, *Colonisation française de l'Algérie, Initiative bretonne*, Saint-Brieuc, 1853, in-8°.

qui naquit presque simultanément sur plusieurs points du territoire : « fonder, en Algérie, un village pour chaque département français », et qu'un notaire d'Alger développait en termes idylliques : « Là, s'élèvera un nouveau *Bordeaux*, plus loin, une riche *Marseille*. Ailleurs, une ville de *Lille* nous redira qu'une autre défend nos frontières... Partout des souvenirs du pays. Le *Breton* oubliera son exil en se trouvant dans une nouvelle *Bretagne*. Le *Bourguignon* se réunira au *Bourguignon* pour planter la vigne... » « Entreprise chevaleresque », ajoutait l'auteur. En vérité, conception irréalisable de colonisateurs théoriques, mais où se mêlaient des observations judicieuses dont il était possible de tirer un heureux parti. Cheraga fut peuplé de paysans du Var ; Aïn-Benian, d'immigrants de la Haute-Saône ; le ministre de la Guerre écrivait au préfet du Haut-Rhin qu' « il faut grouper ensemble les familles que la similitude du langage et des habitudes porte naturellement à se réunir », (1) et Aïn-Sultane fut, en grande partie, un village alsacien. D'ailleurs, même sonnant l'idéologie, ces voix éparses et spontanées contribuaient à agiter l'opinion, facilitaient l'effort de « publicité » que le gouvernement, s'il était impuissant à multiplier les *villages départementaux* au point d'arrivée, tentait du moins au point de départ, dans les villages de la métropole. En Alsace surtout, où l'émigration n'effrayait point, d'où beaucoup de jeunes gens, de jeunes ménages étaient, naguère encore, partis pour

(1) 27 avril 1853 (Archives du Gouvernement général). — Au reste, ce groupement par originaires d'un même département est une méthode que l'Administration algérienne applique encore aujourd'hui, lorsqu'elle crée des villages nouveaux.

l'Amérique, l'administration s'ingéniait à attirer les Alsaciens chercheurs de fortune ou d'aventures, à les détourner du Nouveau-Monde vers ce monde africain encore plus nouveau. Le ministre de la Guerre fait envoyer à Colmar les *Annales de la Colonisation algérienne,* recommande au préfet l'*Almanach algérien pour 1853;* le Conseil général du Haut-Rhin vote 150 francs pour l'achat de 530 exemplaires de *l'Almanach* à l'intention des communes françaises du département, mais, les *Annales* lui paraissant trop littéraires, il offre 1.000 francs au préfet pour en publier, sous forme de brochures, des extraits en allemand : c'est ainsi que se répandirent dans tout le Haut-Rhin .000 exemplaires d'une *Courte description de la Colonie africaine,* (1) où la comparaison entre l'Algérie et l'Amérique était menée tout à l'avantage de l'Algérie; et le ministre félicitait le préfet « des bons effets déjà produits dans son département par les publications qu'il y a répandues ». Tous ces essais ne furent certes pas inutiles et contribuèrent à verser quelques éléments alsaciens dans le « peuplement » de l'Algérie. Mais personne, ni l'ingénieux notaire, ni les préfets du Haut-Rhin ou du Bas-Rhin, ni même le ministre de la Guerre, ne prévoyait alors la catastrophe qui allait précipiter cette émigration de l'Alsace vers l'Algérie, non plus, cette fois, pour y vivre une vie plus large dans une France plus jeune, mais pour y retrouver un peu de la France perdue.

---

(1) *Kurzer und gründlicher Beschrieb über die Kolonie in Afrika, zum Gebrauch der Auswanderer und Auswanderungslustigen,* Colmar, Decker, 1853, in-8°.

*
* *

Le projet Belcastel était d'une simplicité spécieuse et d'une générosité qui devaient séduire l'âme populaire, à cette heure où, quoique vaincus, « les Français croyaient à la France » (1). Des approbations chaleureuses l'accueillirent. Le journal *la Patrie*, qui avait émis le premier l'idée dont le projet Belcastel était la traduction en style législatif, (2) critiqua tout ce qu'on avait imaginé avant lui, « offres particulières », « combinaisons partielles », sans aucune possibilité d' « effet pratique et étendu », et ajouta avec une confiance illimitée : « Fort heureusement, la France a mieux que cela à offrir à nos malheureux compatriotes des provinces qui nous sont arrachées. Elle peut leur ouvrir l'Algérie... Que notre colonie devienne l'Alsace et la Lorraine!... Nous aurons reconquis pour la France un million de véritables Français, et les Alsaciens auront changé de sol sans changer de patrie. » L'*Akhbar, journal de l'Algérie,* proclama d'une voix plus vibrante encore : « ... Cette terre qui vous attend, ce n'est pas

(1) Le mot est d'un journal anglais, *le Globe*, de Londres, cité dans *la Patrie* du 26 juin 1871.

(2) Avant même le dépôt de la proposition Belcastel, dès le 23 février, la Société d'Agriculture d'Alger, à la suite de la publication d'une brochure du docteur Warnier, ex-préfet d'Alger, sur *l'Algérie et les Victimes de la guerre*, avait nommé une commission pour « étudier de concert avec l'auteur les moyens d'appeler immédiatement en Algérie les familles agricoles, victimes de la guerre ». Le 5 mars, le commissaire extraordinaire de la République en Algérie, Alexis Lambert, donna à la commission un caractère officiel, et le 10, communiquant cette décision aux trois préfets, il écrivait : « Une grande chose nous reste à faire après nos malheurs... C'est d'offrir à nos concitoyens de l'Alsace et de la Lorraine une hospitalité digne de leur industrie et de leur patriotisme... »

la terre d'exil, ce n'est pas chez des étrangers que vous allez transporter vos familles, vos industries, ce sont des frères qui vous ouvrent leurs bras... Et afin que la reconnaissance ne soit pas un poids trop lourd à nos nouveaux concitoyens, nous ajouterions, si notre parole pouvait pénétrer jusqu'à eux : « En venant, vous êtes quittes, vous avez payé votre dette de gratitude; car votre seule présence nous indemnise au centuple... L'immigration alsacienne et lorraine apportera à la colonie l'appoint qui lui fait défaut, de cultivateurs laborieux, de mains calleuses habituées à faire jaillir la richesse des flancs de la terre... Vous doublerez notre production et notre commerce; vous nous initierez à vos industries... Algérie et Alsace *for ever!* » (1) L'opinion pourtant ne fut pas unanime. M. Raudot, député de l'Yonne, se fit, devant l'Assemblée Nationale, le porte-parole des prudents et des sceptiques. Offrir aux Alsaciens et aux Lorrains des facilités particulières en Algérie, c'est « exciter ces populations si patriotiques à quitter l'Alsace et la Lorraine », au lieu qu'en restant « elles y seraient un obstacle aux projets des Allemands et, pour nous, une espérance, un jour », c'est abandonner définitivement les territoires cédés, laisser la place libre aux vainqueurs, « donner une assez vive satisfaction à M. de Bismarck ». Et tous ces sacrifices ne seront même pas utiles à la France. En distribuant gratuitement des terres, on ne fera que de mauvaise colonisation, on recommencera la malheureuse expérience de 1848, beaucoup de millions seront dépensés en pure perte. M. de Belcastel, puis M. Lucet, député

(1) Voir *Annexe* V.

de Constantine, rapporteur de la loi, n'eurent pas de peine à triompher des arguments de l'opposant. Il ne s'agit pas de 1848 : les émigrants d'alors, « c'était, en partie, le rebut des ateliers nationaux de Paris,... des modistes, des fleuristes, des tailleurs... »; aujourd'hui, nous agirons avec plus de discernement, « les familles concessionnaires seront l'objet d'un examen attentif ». Quant à faire le vide devant l'ennemi, les craintes qu'on exprime sont fort exagérées. Quelques milliers de personnes, « sur quinze cent mille qui demeurent séparées de nous », « ce vide n'est pas de nature à dépeupler l'Alsace », ce n'est pas livrer l'Alsace à M. de Bismarck. D'ailleurs, « le courant d'émigration est déjà sensible »; beaucoup s'en vont, s'en iront, même sans nous, plutôt que de « jouer bénévolement le rôle de pierre d'attente »; ils s'en iront, comme autrefois, vers l'Amérique, ce qu'il faut, c'est les « diriger chez nous ». « Il me semble, concluait M. de Belcastel, que dans un temps où il est universellement reconnu que... la terre morte n'est rien et que les hommes sont tout,... à ce moment, il y a quelque chose de grand et de moral à dire aux Alsaciens : « Nous avons cédé votre territoire, nous n'avons pas pu ne pas le faire; mais nous vous offrons, en Algérie, la moitié de l'étendue d'un département; si vous voulez vous y établir, ce sera une seconde France, fécondée par votre travail, ennoblie par votre fidélité à la mère-patrie. »

La loi fut votée le 21 juin (1). Une nouvelle loi, le

(1) Avec une légère modification dans le texte : « Une concession de cent mille hectares des meilleures terres dont l'État dispose en Algérie est attribuée, à titre gratuit, aux habitants de l'Alsace et de la Lorraine qui voudraient conserver la nationalité française

15 septembre, puis un décret, le 16 octobre, précisèrent ou modifièrent quelques-unes des dispositions primitivement adoptées. Des commissions seraient constituées, à Belfort et à Nancy, pour recevoir les engagements, constater la moralité et l'aptitude des nouveaux colons; à leur arrivée, ils recevront un lot urbain, pour l'habitation, un lot rural, pour la culture; le rôle de l'État se réduira à assurer les transports par mer, à doter les centres de leur alimentation en eau, des voies de communication nécessaires pour les relier aux centres voisins, d'une école, d'un édifice pour le culte et d'une mairie.

Quant au reste, maisons à construire, mobilier, bœufs, semences, instruments de travail, subsistance, les colons n'auront à compter que sur eux-mêmes; l'État prend ses sûretés à cet égard, puisqu'ils devront justifier d'au moins 5.000 francs d'avoir. Sage restriction, mais qui ne fut pas maintenue. La force des choses l'emporta. A Nancy, à Belfort, des émigrants se présentaient en foule, Français qui voulaient le rester, ruinés, mais vaillants. Parce qu'ils n'avaient pas 5.000 francs, les renvoyer chez eux au lieu de les accueillir chez nous, maintenant que les deux expressions ne se confondaient plus, prenait figure d'iniquité. Le décret du 16 octobre leur ouvrit l'Algérie comme

---

et qui prendraient l'engagement de se rendre en Algérie pour y mettre en valeur et y exploiter les terrains ainsi concédés. » Le premier texte, observait justement le rapporteur, pouvait laisser croire que la concession gratuite de terres serait une sorte de prime offerte aux Alsaciens et Lorrains qui voudraient rester Français, tandis que cette concession a, en outre, « pour objet de procurer à l'Algérie des colons dont elle a un si grand besoin pour assurer sa prospérité ».

aux autres (1). Le nombre des départs allait augmenter considérablement, et les charges de l'État avec lui.

Pour les terres, on ne serait pas embarrassé. Entre le dépôt de la proposition Belcastel et le vote de la loi, un fait nouveau s'était produit en Algérie, pénible conséquence des malheurs de la mère-patrie. Quelque effervescence se manifestait déjà dans les tribus, depuis janvier. Enfin, le 16 mars, un chef arabe, El Mokrani, apparut, en révolté, devant Bordj-bou-Arreridj. D'autres rébellions suivirent. La répression ne tarda point. Des terres furent séquestrées, en masse; les tribus coupables durent abandonner une partie de leurs biens pour racheter le reste, et, en outre, consentir des expropriations moyennant indemnité, quand les commissions de séquestre jugeraient certains échanges avantageux pour la colonisation. Ainsi, qu'il s'agit de la quantité d'hectares dont on pourrait disposer pour les Alsaciens ou des groupements de « parcelles » qui faciliteraient leur établissement, l'administration ne rencontrerait point d'obstacle. Mais, pour l'argent, l'argent nécessaire aux colons pour tout ce que l'État ne leur fournirait pas, pour tout un provisoire angoissant qui pouvait durer un an ou deux, peut-être davantage, un crédit de 400.000 francs, qui avait été voté en même temps que

(1) Le *titre 1er* du décret réglait simplement les conditions auxquelles les Alsaciens-Lorrains justifiant d'un capital d'au moins 5.000 francs, pourraient obtenir des concessions avec propriété immédiate. Mais le *titre II* permit d'accorder des concessions à tous les Français, Alsaciens ou non, ayant ou n'ayant pas de ressources, moyennant un loyer de 1 franc par an et à la condition que la toute-propriété des terres n'appartiendrait aux concessionnaires qu'après une résidence effective de neuf ans et la mise en culture de leur concession. — Voir *Annexe* VI, le texte de la loi du 15 septembre et celui du décret du 16 octobre.

la loi du 15 septembre, n'y suffirait certainement point. Ici aussi, l'imprévu s'en mêla : une suite d'événements, dont quelques-uns sont un peu oubliés aujourd'hui, quoiqu'ils se rattachent à l'histoire générale du désastre, allaient, par un détour, venir en aide aux Alsaciens d'Algérie.

On sait que sur l'indemnité de cinq milliards imposée à la France par le traité de Francfort, deux milliards devaient être payés avant le 1er mai 1872, les trois autres avant le 2 mars 1874, et que, jusqu'à complet acquittement, les troupes allemandes occuperaient une partie du sol français : lourde charge supplémentaire, à la fois matérielle et morale. M. Thiers, après la réussite de l'emprunt qui lui avait assuré largement les deux premiers milliards, se préoccupa donc de gagner du temps sur l'échéance finale, celle de 1874, qui seule devait libérer complètement le territoire. Aussi bien cette préoccupation n'était-elle point particulière à M. Thiers. Le public s'inquiétait, facilement ombrageux, supportait mal les misères quotidiennes de l'occupation étrangère. Un incident éclata, qui le rendit plus irritable encore. Deux militaires allemands avaient été, à quelques semaines d'intervalle (10 août et 5 septembre 1871), l'un, à Chelles, frappé par un garçon jardinier faible d'esprit, l'autre, près de Montreuil, tué, au cours d'une discussion, par un ex-combattant français de la guerre, qui se croyait en état de légitime défense (1); et les jurés, malgré les réquisitoires très nets du ministère

(1) Affaires Bertin et Tonnelet. Cf., outre G. Hanotaux, *op. cit.*, pages 352-356, la lettre de Me Ch. Lachaud père, du 24 décembre 1871, publiée dans *le Droit* (no du 27 décembre); la lettre d'un des jurés publiée dans le *Journal des Débats* du 9 décembre; le *Temps* des 25 novembre, 8 et 10 décembre, etc...

public, avaient acquitté les prévenus (14 et 24 novembre). En vain M. Thiers, dans le message qu'il lut à l'Assemblée Nationale le 7 décembre, fit-il allusion à ces événements, « suppliant » la population d'être plus patiente, la justice plus stricte. Condescendance inutile. Trois jours après, dans une dépêche adressée à M. d'Arnim, ambassadeur d'Allemagne à Paris, M. de Bismarck revint sur l'incident, accumula les menaces, les brutalités de langage : « ... représailles... talion... otages... état de siège... le sentiment du droit est complètement éteint en France... le degré d'éducation morale et le sentiment de droit et d'honneur qui sont particuliers au peuple allemand... sentence incompatible avec l'état actuel de la civilisation... » (1) Il fallait en finir, et que la France redevînt au plus tôt maîtresse chez elle. Chacun le sentait, et, comme M. Thiers n'avait pas encore dit à quel expédient financier il s'arrêterait pour le solde de la dette, chacun rêva de projets libérateurs. Le plus généreux, le plus séduisant vint d'Alsace, celui d'une souscription volontaire pour aider le gouvernement à payer l'indemnité de guerre : geste admirable de ceux qui ne connaîtraient pas eux-mêmes les joies de la délivrance. Le premier appel fut lancé à Strasbourg, le 23 décembre 1871, par quelques dames de la ville (2).

---

(1) Voir *Annexe* VII.

(2) Mesdames Momy, 10, rue des Pucelles, Gloxin, 4, place Saint-Pierre-le-Jeune, Mathilde Lichtenberger, 1, rue du Noyer, Mathilde Weisé, 20, rue du Dôme, Alfred Ott, 8, rue de la Nuée-Bleue. — Déjà, dans le courant de novembre, un « billet de banque de 500 francs » avait été envoyé au ministre des Finances, « pour venir en aide au paiement de l'indemnité de guerre », par E. D., capitaine d'artillerie à La Rochelle, avec une lettre qui fut insérée au *Journal officiel*. Les dames de Mulhouse rappelèrent dans leur envoi l'exemple de cet officier et ce premier don isolé.

Quelques jours plus tard, le 28, les Mulhousiennes écrivirent au président de la République, joignant à leur lettre un chèque de 23.945 francs : « Vous l'accepterez comme l'obole de la veuve... » Puis, ce furent les dames de Saverne : 1.630 francs, et celles de Bischwiller : 3.740 francs, et celles de Wissembourg : 4.100 francs, et celles de Munster : 6.000 francs, et Schlestadt, et Sainte-Marie-aux-Mines, et Haguenau. L'enthousiasme gagna de proche en proche. Un comité se forma à Nancy, pour coordonner les efforts, généraliser la souscription ; il trouva la formule définitive : (1) la souscription sera conditionnelle et valable seulement si elle atteint 500 millions dans l'année. A Nancy même, dans les huit premiers jours, 765.000 francs furent recueillis. Mulhouse reparaît, avec une offre d'un million, pour laquelle il a suffi de trois jours et de quinze adhésions. Sur toute l'étendue du territoire, des bonnes volontés surgissent sous les formes les plus diverses : listes publiées par les journaux (et que de noms alsaciens y figurent, des Boeckel et des Steinheil, des Dollfus et des Schaller, des Reibell et des Hartmann !) ; lettres chaleureuses de Legouvé, d'Ad. Crémieux, de Littré ; troncs dans les églises, destinés au *Denier pour la Patrie ;* meeting organisé au Cirque des Champs-Élysées par Ernest Legouvé, Athanase Coquerel et Eug. Yung ; Barrias, Detaille, Worms, Robert-Fleury, d'autres artistes encore, s'engagent à donner chacun « au moins une de leurs œuvres » ; la Chambre des

(1) Lettre aux journaux, de M. Jules Gouguenheim, trésorier du Comité, initiateur de cette nouvelle forme de la souscription, « que les députés des départements de l'Est se chargèrent de recommander à toute la France ». Cf. Leroy, *op. cit.*, pages 97-100.

avoués de Château-Thierry souscrit 1.550 francs; les « officiers du bataillon d'infanterie de marine campé à Villeneuve-l'Étang », 1.600 francs; les employés au greffe du Conseil de préfecture de Lyon, une journée de traitement par quinzaine, les maîtres et élèves de l'école normale primaire de Tarbes, 63 francs par mois, les compositeurs du *Progrès du Nord*, une journée de leur travail par mois jusqu'à complète libération du territoire... Mais le gouvernement arrêta la souscription. Le 28 février 1872, ayant à se prononcer sur une proposition Antonin Lefèvre-Pontalis et Saineuve, relative à la formation d'une commission spéciale chargée d'examiner tous les projets ayant trait à la libération, le ministre de l'Intérieur, Victor Lefranc, au nom du gouvernement, rendit hommage à l'élan national : « Il faut louer, il faut remercier, il faut admirer le sentiment qui l'a provoqué », mais le suivre, nous y associer, le diriger, « non, Messieurs, jamais ». Puisqu'une souscription volontaire, qui peut produire des millions, est « virtuellement impuissante, en quelque lieu, en quelque temps, sous l'empire de quelque sentiment que ce soit », à produire des milliards, ce serait « une témérité inouïe » d'encourager la souscription actuelle, et, par là, de nuire peut-être au futur emprunt. Ainsi, du même coup, le gouvernement se prononçait sur le fond : de tous les modes de libération qui lui étaient suggérés depuis quelques semaines, c'était, comme pour les deux premiers milliards, l'emprunt qu'il choisissait; mais « il ne faut pas se dissimuler, écrit le *Temps* avec regret, que la condamnation prononcée par le pouvoir exécutif contre l'effort des initiatives individuelles et ratifiée par le vote de l'Assemblée, est un véritable arrêt de mort pour la souscription » (1). Elle avait déjà atteint plus de six millions effectivement versés. Or, au mois de juillet, l'emprunt de trois milliards ayant réussi, ces six millions se trouvèrent disponibles. Et ils furent, sur la proposition de M. Wolowski, (2) par une loi du 18 décembre suivant, affectés aux Alsaciens-Lorrains, un tiers pour création de bourses dans les établissements d'enseignement, orphelinats, etc., un tiers pour assistance directe aux familles, un tiers, enfin, pour assistance des émigrants alsaciens-lorrains en Algérie : aboutissement imprévu du long mouvement d'inquiétude et de l'élan généreux qui avait secoué la France, du dévouement commun des dames de Strasbourg et de Mulhouse, des normaliens de Tarbes et des typographes de Lille, de Barrias et de Littré...

D'autres hommes, en dehors du Parlement, en dehors de l'État, poursuivaient le même rêve que M. de Belcastel : Jean Dollfus et le comte d'Haussonville. — Jean Dollfus, le grand industriel mulhousien, fit reconnaître la région de Tizi-Ouzou par un homme d'expérience, Gerst, autre Alsacien, ancien fonctionnaire des Finances en Algérie, et décida d'y créer, à lui seul, un village. Le comte d'Haussonville, au contraire, ne devait agir

---

(1) 29 février 1872, n° du *Temps* du 1er mars.

(2) Il restait exactement, déduction faite des sommes restituées aux souscripteurs qui avaient réclamé leur remboursement, 6.254.373 francs disponibles. On procéda par virement, car les sommes versées ne sauraient être distraites de la destination précise qui leur a été assignée par les donateurs, disait M. Wolowski, « mais le Trésor a moins à payer, une portion des crédits votés [pour le paiement des trois milliards] devient libre, elle peut recevoir une autre application », et c'est cet excédent qui fut affecté aux Alsaciens-Lorrains. En deux fois : trois millions par la loi du 18 décembre 1872, le reste par la loi du 9 janvier 1874.

qu'au nom d'un groupe, mais de ce groupe il fut l'âme. Un comité de quatre membres existait depuis quelque temps, constitué par M. Mannberguer, Strasbourgeois, banquier à Paris, « pour venir en aide aux bombardés de Strasbourg », — comité d'amis, comité « en chambre », mais dont « les devoirs s'étendirent en proportion des désastres qui frappaient inexorablement la patrie » (1). De nouveaux bienfaiteurs, (2) presque tous Alsaciens par leur origine ou leurs alliances, se groupèrent autour des premiers; on résolut, le 31 janvier 1872, de fonder une Société qui viendrait en aide, non plus seulement aux Strasbourgeois, mais à tous les émigrants d'Alsace ou de Lorraine, et d'en offrir la présidence au comte d'Haussonville, dont l'esprit d'initiative, le robuste entrain, les relations puissantes allaient multiplier rapidement les moyens d'action de la Société naissante. *Société de protection des Alsaciens-Lorrains demeurés Français,* elle consacra bientôt une grande partie de ses efforts à ceux qui partaient pour l'Algérie. Un jour, dans l'Hôtel de la Présidence de l'Assemblée Nationale (3), à l'appel du comte d'Haussonville, une extraordinaire multitude de chefs-d'œuvre se trouvèrent réunis : ce fut la célèbre *Exposition des*

(1) Discours prononcé par M. Mannberguer à l'inauguration du monument du comte d'Haussonville, au Camp-du-Maréchal (avril 1887).

(2) Kleitz, inspecteur général des Ponts et Chaussées, Wurtz, doyen de la Faculté de Médecine de Paris, Léon et Gustave de Bussière, Alexandre, président à la Cour d'Appel de Paris, Rumpler, Ruch, négociants, Schaeffer, Flaxland, industriels, Henri Aron, banquier, comte Edmond de Pourtalès, commandant Hepp, comte de Franqueville, Lefébure, député, Himly, professeur à la Sorbonne, Cuvier, sous-gouverneur de la Banque de France, etc.

(3) L'Hôtel actuel de la Présidence de la Chambre. (L'Exposition s'ouvrit le 23 avril 1874.)

Alsaciens-Lorrains, dont le souvenir prestigieux subsiste, nullement effacé par les « sensationnelles » collections qui se sont offertes depuis lors à la curiosité publique; et ce furent 245.000 francs pour les protégés de la Société en Algérie, pour les maisons que M. d'Haussonville voulait leur faire construire, pour les villages qu'il se proposait de fonder. (1)

... Pendant ce temps, pour « demeurer Français », des centaines et des centaines d'hommes, de femmes, d'enfants, quittaient l'Alsace, puis, par Belfort ou Nancy, s'en allaient vers Marseille, vers la Méditerranée, vers l'inconnu.

***

Émigration en masse : expression pittoresque qui plait à nos imaginations chargées d'histoire, mais, derrière cet écran trompeur, quelle réalité se cache de tristesses et de misères!

Sans doute, ils trouvèrent en arrivant, dans les

(1) Il convient d'indiquer ici qu'en outre des 400.000 francs dont il a été question plus haut, d'autres crédits furent prélevés sur le budget de l'Algérie (Cf. Guynemer, *op. cit.*, pages 17-18) pour les dépenses relatives à l'immigration alsacienne et lorraine. D'autres fonds, d'origine privée, s'y ajoutèrent également : une partie du produit de la souscription alsacienne-lorraine (qu'il ne faut pas confondre avec la précédente souscription « pour la libération du territoire ») organisée par la presse en octobre 1872; les sommes versées par le Comité des dames de la rue Scribe (Comité Worms), par les Comités de Marseille, du Hâvre, de Nîmes, de Nancy, de Nice, etc. A l'occasion et au profit de la souscription de la presse, la Société des Gens de Lettres édita un volume : *L'Offrande*, auquel collaborèrent G. Sand, V. Hugo, H. Martin, F. Coppée, A. Assolant, A. Houssaye, A. Barbier, Erckmann-Chatrian, H. Malot, Th. Gautier, Lud. Halévy, Th. de Banville, E. Legouvé, E. About, F. Passy, L. Ratisbonne, etc.

comités qui se formèrent alors, beaucoup de leurs compatriotes, Algériens d'avant la guerre, dont les mains se tendaient vers eux : le Dr Gros et le Dr Bruch, le procureur général Kuenemann, le président Zeys, le commandant Riff, le commandant Zurlinden, le capitaine Rouff, le capitaine Heintz, M. Nœtinger, vice-président du conseil de préfecture, M. Bergtold, M. Pfeiffer, géomètres, des hauts fonctionnaires du P.-L.-M. algérien, M. Noblemaire et M. Picquart, M. Ruff, le libraire, M. Kappler, directeur des transmissions télégraphiques. Ils trouvèrent aussi, parmi ces amitiés alsaciennes prêtes à les secourir, à les diriger, à les réconforter, des Algériens plus récents, que l'option venait de chasser comme eux et qui les avaient précédés de quelques mois à peine : tout un groupe de magistrats et d'avocats, quelques-uns de ceux qui allaient rester sur la terre française les vivants souvenirs de la Cour de Colmar, de la Cour de Metz, de la Faculté de Strasbourg, rayées de nos Annuaires comme des morts : Lauth, juge à Mulhouse, Richert, président à Sarreguemines, nommés conseillers à la Cour d'Alger, Mallarmé, fils d'un ancien bâtonnier de Strasbourg et qui venait de se faire inscrire au barreau d'Alger (1), Maillet, ex-avocat à Mulhouse, juge de paix à Sidi-bel-Abbès (2), Verner, Wurtz, jeunes avocats à Strasbourg, juges de paix à Relizane et à Batna (3), Haffner, avocat à Colmar, défenseur près le tribunal de Constantine (4),

(1) Décédés, les deux premiers, comme conseillers à la Cour d'Alger, le troisième comme avocat, à Alger également.
(2) Aujourd'hui, conseiller à la Cour de Cassation.
(3) Aujourd'hui, présidents de Chambre à la Cour d'Alger.
(4) Aujourd'hui, procureur général près la Cour d'Appel de Pau.

Bœrner, substitut à Saverne, procureur de la République à Philippeville (1)...

Mais, dans le désarroi de ces jours tragiques, quelles que fussent ces bonnes volontés, elles ne pouvaient suffire à toute la tâche. Les immigrants arrivaient, las, dépaysés, incertains de l'heure qui suit. On les reçut, on les hébergea comme on put. Le *Fort des Anglais,* à Alger, vit passer des centaines de ces malheureux : le gouvernement l'avait mis pour eux à la disposition du comité alsacien-lorrain d'Alger, et ils y restaient quelques jours, nourris par les soins de leurs compatriotes. Puis, sur des prolonges d'artillerie, on les dirigeait vers leurs futures résidences. A l'arrivée, l'autorité militaire leur prêtait des tentes,

(1) Depuis, conseiller à la Cour de Pau. D'autres encore : Rack, de Schlestadt, nommé juge de paix à Souk-Ahras, depuis avocat général à Alger et premier président à Rouen, Wehekind, de Mulhouse, nommé juge de paix à Oued-Athménia, depuis procureur de la République à Nancy et conseiller à Amiens, Gauvenet dit Dijon, de Strasbourg, nommé juge de paix à Ténès, en dernier lieu juge au Hâvre, sont venus directement d'Alsace en Algérie au lendemain de la paix. — Un des rares magistrats français qui restèrent en fonctions en Alsace à la suite de l'annexion, s'employait de son mieux à transmettre à ses collègues de la magistrature ou aux jeunes avocats alsaciens un appel du procureur général Kuenemann, qui les engageait à demander des postes en Algérie. — On peut également citer ici deux Lorrains : M. Leclerc, de Metz, avocat à Metz en 1867, juge suppléant à Sarreguemines en 1869, nommé juge de paix à l'Alma, dans le département d'Alger, en 1871, et qui a fait, depuis, la plus grande partie de sa carrière en Algérie et en Tunisie; en dernier lieu, conseiller à la Cour de Besançon; — et M. Cailly, de Metz également (fils de M. Ch. Cailly, bâtonnier de l'ordre des avocats de Metz), venu en Algérie un peu plus tard, mais qui n'a jamais quitté la colonie : suppléant rétribué à Aumale en 1882, puis suppléant, juge de paix, substitut ou juge, à Bou-Medfa, à Alger, à Tizi-Ouzou, à Batna, actuellement juge à Tizi-Ouzou. (M. Poulet, substitut du procureur général à Metz, ne resta que quelques mois en Algérie, comme avocat général à Alger : voir page 122, note 2).

ou les installait dans les mauvaises masures en pierres sèches d'un village kabyle abandonné; quelquefois, par une heureuse chance, comme à Bou-Khanefis, un ancien pénitencier militaire qu'on n'utilisait plus que pour les Arabes de la région condamnés à des peines légères, offrait aux arrivants la ressource de ses bâtiments en grande partie disponibles; ils s'y installaient dans les locaux naguère habités par les prisonniers, ou bien, en dehors du pénitencier même, mais tout près, dans des maisonnettes autrefois affectées à la troupe de garde. Ailleurs, le Génie essaie en hâte d'adapter à leur usage des édifices qui ne pouvaient s'attendre à cette clientèle nouvelle : le caravansérail d'Aïn-Roua, par exemple, ou, à Aïn-Abessa, les vastes constructions de pierre qui avaient servi à la smala du 3e régiment de spahis. Mais ce n'étaient que des abris provisoires; il fallait leur donner mieux que ces casernements de fortune où ils étaient entassés. Alors, l'autorité militaire détache vers eux des sections de sapeurs, ou des disciplinaires, ou des corvées d'Arabes. En attendant qu'on puisse leur bâtir des maisons vraiment habitables, on échafaude tant bien que mal des gourbis en pierre et terre, avec toiture en *diss,* sorte de graminée qui protège de la chaleur, mais laisse pénétrer la pluie pour peu qu'elle persiste. Parfois, ce sont des baraques en planches, assez bien faites, et que le Génie va remonter ensuite dans de nouveaux villages, à mesure que le progrès des constructions définitives permet aux premiers de s'en passer...

La plupart manquent de tout, même ceux qui ne manquaient de rien là-bas : déménager d'Alsace pour l'Algérie, opération compliquée, qu'ils simplifiaient en vendant vite et mal, à l'heure du départ. Point de mobilier. L'administration militaire met à leur disposition des châlits réformés, avec lesquels ils se font des lits, des tables, des bancs. Point de vêtements. Elle puise dans ses magasins le plus abondamment possible : 600 paires de guêtres en drap, 800 capuchons en drap noir, des capotes d'infanterie, des guêtres blanches, des vareuses, des pantalons, des blouses, des tuniques, par milliers. Quand l'administration militaire ne fournit pas elle-même, c'est toujours elle qui transporte. De temps en temps, un convoi d'artillerie arrive, apportant un peu de tout cela, et des brouettes, des pelles, des pioches, des matelas, et des vêtements de femmes et d'enfants, envois des comités de Paris. Et souvent, c'est Zurlinden, ou Riff, ou un autre des officiers alsaciens, qui vient les voir, leur apportant mieux encore : quelques bonnes paroles en patois de chez eux... Les distributions se suivent, variées, incessantes; des subsides, en argent ou en nature, ici, 300 francs de l'administration, là, 250 francs de la Société d'Haussonville, ou des avances de 100 et 200 francs des comités, ou des parts de la récolte de 1872 qu'avaient faite, en leurs lieu et place, des Arabes loués par l'administration; des vivres, également, si je puis dire, en argent ou en nature : cinquante centimes par jour et par personne, ou, quand l'habitant est perdu dans un pays sans ressources pour l'Européen, des rations militairement distribuées, apportées aussi par le convoi, avec gamelles et bidons; enfin, les terres et les semences, les bœufs et les charrues, non sans quelques déceptions parfois : les vingt charrues du village de La Réunion, près de Bougie, très belles et qui ont dû coûter fort cher, sont beaucoup trop lourdes pour les bœufs d'Algérie; il en faudrait trois paires pour les conduire, et elles sont restées sur la place du village.

Mais ce n'étaient que contretemps sans gravité, occasions de plaisanterie, raisons ou prétextes à réclamations. Malgré quelques inadaptations risibles ou pour un moment déconcertantes, l'avenir pouvait, s'ils se mettaient au travail, compenser pour eux les sacrifices du passé : des concessions de vingt-cinq à trente hectares, souvent davantage, pour ces braves gens qui n'avaient pas plus de trois ou quatre hectares en Alsace, c'était un immense espoir de résurrection, c'était, après tant de bouleversements et d'angoisses, l'aurore d'une vie nouvelle, qui pourrait encore être heureuse.

Du mois d'octobre 1871 au mois de mars 1875, 1.020 familles d'Alsace et de Lorraine — plus de 5.000 personnes — arrivèrent en Algérie.

***

Des confins du Maroc à ceux de la Tunisie, près de cent villages où les familles alsaciennes-lorraines ont été, suivant la formule administrative, « admises au peuplement » : Aïn-Fekan, Bou-Khanefis, Oued-Fodda, L'Alma, Corso, Ménerville, Zaatra, Souk-el-Haad, et Rebeval, et Mirabeau, et Dra-el-Mizan, et Zemmorah, et tous ceux qu'on a dénommés en souvenir : Strasbourg, Metz, Colmar, Belfort, Chèvremont, Horbourg, Sainte-Marie-aux-Mines, Marsal, Landser, Bitche, Eguisheim, Altkirch, Ribeauvillé, Obernai, Rouffach,

La Robertsau (1) : je ne pouvais songer à les voir tous; mais, ambitieux de recueillir, où que les ait jetés le vent du désastre, les épaves de l'Alsace dispersée, dussé-je limiter mon pèlerinage à trois ou quatre de ces villages alsaciens d'Algérie, ils m'attiraient invinciblement; je ne me résignais pas à ne connaître d'eux que des noms sans vie, ombres exsangues à peine entrevues aux feuillets rapides d'un rapport ou d'un dictionnaire.

Belle-Fontaine, (2) d'abord, parce qu'ici s'installèrent les premiers immigrants d'Alsace et de Lorraine en 1871 : Belle-Fontaine fut le lieu de naissance de la colonisation alsacienne-lorraine en Algérie. Ce n'était point par hasard qu'elle naissait aux portes de la Kabylie. L'Alsace apportait à l'Algérie « un appoint de mains calleuses » et, l'insurrection ayant dessillé bien des yeux, ces « mains calleuses » devaient être capables de manier, avec la pioche, le fusil. La trace de ces préoccupations apparaît dans le Rapport du Comité

---

(1) Sauf pour le premier de ces centres (Strasbourg) et les deux derniers (Rouffach et la Robertsau), les noms indigènes sont généralement restés seuls en usage : Akbou (Metz), Oued-Amizour (Colmar), Aïn-Tinn (Belfort), Aïn-Tagrout (Chèvremont), Aïn-Touta (Horbourg), Khenchela (Sainte-Marie), Aïn-Abessa (Marsal), Aïn-Roua (Landser), El-Kseur (Bitche), Bou-Malek (Eguisheim), Sidi-Khalifa (Altkirch), Bled-Youssef (Ribeauvillé), Aïn-Melouk (Obernai). Tous ces villages aux noms alsaciens sont dans le département de Constantine, et le conseiller Richert, qui était président de la commission de séquestre dans ce département, ne fut pas étranger au choix de ces appellations. N'importe quel fonctionnaire du gouvernement général ou de la préfecture aurait pu trouver Strasbourg, Colmar, Metz et Bitche, mais, pour penser à Chèvremont, à Horbourg, à Rouffach, à la Robertsau, il fallait un Alsacien d'Alsace.

(2) Dans le département d'Alger, à 48 kilomètres à l'est d'Alger. Centre de colonisation officielle.

consultatif de colonisation relatif à la création de Belle-Fontaine : il faut « garantir la sécurité du pays par le peuplement de colons français », il faut « établir entre la Mitidja et Dellys une solide barrière de villages fortifiés, c'est par ce chemin seul que l'insurrection a menacé de nous envahir »; « cinquante feux pouvant donner cent fusils nous paraissent le minimum à adopter pour les futurs villages » (1). Quelques jours après, le gouverneur général approuvait l'emplacement choisi, « défendable par ses propres habitants, sans autres travaux de défense que deux blockhaus à établir à ses extrémités », et il faisait hâter les préparatifs, car « le temps presse », « chaque courrier nous amène des immigrants »...

J'ai vu l'état de lotissement du village : le nom de chaque habitant du nouveau centre est suivi de la mention de son origine, presque toujours la même : quelquefois, mais très rarement, « Algérien », ou « colon du pays »; généralement, « Alsacien », ou « Lorrain » : Schupp Ignace-Dominique, Klock Alexandre, Lorentz Jacques, Yung Jean, Seltzer Ferdinand, Krempp Charles, Barbé Quirin, Ducros Joseph, Vinum Joseph, Firmery Georges, Victor et André, Roll Sébastien, Tschirland Alexis... Et ils se rappellent les quatre jours passés à Nancy, puis une journée à Marseille, et la traversée, le mal de mer, les Arabes sur le port, à l'arrivée, qui vendaient des oranges par petits tas de cinq, tout ce qu'on pouvait manger après les secousses de la Méditerranée... Ils se rappellent la construction de l'église, avec ses

(1) 26 octobre 1871 (Archives du Gouvernement général).

créneaux et sa citerne. Les « cinquante feux pour cent fusils » me reviennent à la mémoire, et aussi ce mot du maréchal Bugeaud : « Les cultivateurs paisibles ne s'expatrient pas sur un sol qu'ils ne peuvent cultiver qu'en ayant le yatagan arabe suspendu sur la tête. » Ceux-ci, pourtant, se sont expatriés... Ils se souviennent, l'un hésitant, l'autre précis, d'un M. Prost, ex-maire de Molsheim, décoré, dont les Prussiens avaient dès leur arrivée exigé la démission, et qui, s'étant expatrié, lui aussi, enseignait à lire et à écrire aux enfants de Belle-Fontaine. Aujourd'hui encore la population du village est presque exclusivement alsacienne. Tous ceux du début, sauf les Seltzer et les Schlegel, sont présents, ou représentés par leurs fils. Ils viennent de Dettwiller, de Kalhouse, de Gros-Réderching... Il y en a même un de chez moi, et je crois bien qu'avec sa grande barbe blanche, ses lunettes à lourde monture, sa carrure de bûcheron, ses histoires d'artilleur de la caserne d'Austerlitz à Strasbourg, sa cordialité rude, ses coups de boutoir et son accent, c'est le plus magnifique Alsacien de Belle-Fontaine. Alors, les gens et les choses du « pays », les vivants et les morts, ceux qu'il appelle les fils et qui pour moi sont les pères, le Dr Kummer, le pasteur Herrmann, Lams, le maire, qui était de Quatre-Vents, le grand Gerst, l'hôtelier de l'*Agneau,* qui était de Pfaffenhofen, et le perroquet du père Trouard, à la porte de l'épicerie, là, dans la petite rue qui monte, en face de la mairie — « *Zwei Sü Sir...pp,* Monsieur Trouard, *und e Helje dezü!* » (1) —, et tous

(1) « Deux sous de mélasse, et une image avec! » *Helje :* originairement, *Heiligenbild,* image de saint; d'où, dans la langue populaire, toute image coloriée.

les coins et recoins du village, la *Hintergasse*, l'*Entenpfuhl*, le *Mühlberg*, tout cela bondit et rebondit et se heurte dans notre conversation précipitée; et si je sais maintenant que sur l'emplacement de la brasserie Haag il y avait jadis une fabrique de garance dans l'enclos du *Röthhof*, si je n'ignore plus d'où vient à cette vieille cour paisible ce nom rutilant, c'est que je l'ai appris, à cinq cents lieues de la Moder, modeste affluent du Rhin, chez un colon de la Mitidja...

La plupart des immigrants de Belle-Fontaine étaient des cultivateurs de profession. A Bou-Khalfa (1) — *Bou-Khalfa d'Alsace*, comme on l'appela longtemps dans le pays, — il n'en fut malheureusement pas de même. La création de ce centre est l'œuvre de Jean Dollfus, qui y installa huit familles, choisies avec le plus grand désir de bien faire et d'agir patriotiquement, mais par un homme que sa situation mettait à même d'obliger des ouvriers de fabrique plutôt que des agriculteurs. Celui-ci était manœuvre chez Thierry à Mulhouse, celui-là charretier chez Dollfus-Mieg, un troisième travaillait aux mines de Bouxwiller, et ainsi de suite. « Peu de paysans véritables », écrivait le commandant Riff après les avoir visités. Jean Dollfus avait conçu de vastes projets : là comme partout, il voyait grand. Il voulait donner à ses colons un horticulteur-modèle, fonder dans son village une école d'agriculture, une bibliothèque. Craignit-il, lui, l'homme des réalisations immédiates, que la tentative ne fût trop longue à produire d'heureux

(1) A 4 kilomètres à l'ouest de Tizi-Ouzou. Centre de colonisation privée.

résultats ? Comprit-il, après expérience, que d'autres sauraient mieux que lui recruter des agriculteurs ? ou bien, qu'à lui seul il ne pourrait pas suffire longtemps aux dépenses nécessaires, tandis que la Société de protection agirait plus efficacement, comme il l'écrivit lui-même, avec ses « ressources considérables », encore augmentées par la « magnifique Exposition » qui venait d'attirer l'attention sur elle ? Au bout de quelques mois, il fit savoir au général Chanzy, gouverneur général de l'Algérie, et au comte d'Haussonville, qu'il était disposé à laisser son œuvre en d'autres mains. Le transfert s'effectua sans difficulté. Jean Dollfus avait obtenu sa concession en 1872, avec obligation pour lui d'y installer immédiatement trente familles. Avant l'expiration du délai qui lui était accordé à cet effet (1er février 1875), la Société de protection avait pris possession de la concession Dollfus, et c'est elle qui y établit les familles complémentaires (1). Jean Dollfus lui abandonnait les maisons déjà bâties, ces maisons qu'il avait pourvues d'une manière de véranda, « afin de garantir en partie le mur de face des rayons solaires » ; mais, comme,

---

(1) L'économie de l'œuvre (qu'il s'agit de Jean Dollfus ou de la Société de protection) était la suivante. L'État concédait un territoire en bloc, le premier concessionnaire devait le rétrocéder par lots à des familles alsaciennes-lorraines dans un délai déterminé. L'État ne se charge que des travaux et constructions d'intérêt collectif nécessaires pour constituer le village. Le premier concessionnaire, de son côté, — et c'est la raison de son intervention, — pourvoira les familles de maisons, de cheptels et d'instruments aratoires, assurera leur subsistance jusqu'à la première récolte, etc., le tout à titre d'avances, dont le remboursement doit lui permettre de réaliser d'autres créations du même genre. (Le commandant Riff disait, à propos d'un de ces villages : « Il ne faut pas qu'Azib-Zamoun devienne un hôtel où on ne paie pas. ») Quant au colon, il s'engage à résider sur ses terres et à les culti-

paraît-il, le service rendu n'était pas en rapport avec la dépense, la Société fut plus économe et construisit sans véranda. Aussi, aujourd'hui encore, le long de l'unique rue de Bou-Khalfa, les maisons Dollfus et les maisons d'Haussonville livrent-elles au premier regard le secret de leur origine...

Il semble que ce centre, par lequel débuta la colonisation alsacienne privée, ait toujours souffert de ses mauvaises chances initiales : recrutement insuffisamment agricole, flottements presque inévitables quand la direction change, — et aussi de quelque maladresse dans la distribution des lots : trop de « mamelon », pas assez de « plaine », la « plaine » un peu moins ardue à travailler, mais trop éloignée du centre, le « mamelon » plus proche, mais plus rebelle. A travers les années, quelques-uns ont fait des affaires, ou d'heureux hasards les ont servis ; je ne crois pas que les Kieffer aient à se plaindre de l'existence, ni le vieux Lemoine, l'ancien carrier d'Hildehouse. Mais, pour beaucoup, la vie a été pénible, et l'est encore ; tout l'aspect du village est âpre, comme le sol ; la gêne n'y apparaît point, mais la nécessité d'une lutte continuelle ; et qu'elles soient

---

ver en bon père de famille ; pour l'ensemble des terres louées à un colon, le prix du fermage est de 1 franc par an ; après un certain temps de résidence et le remboursement des avances faites, il devient propriétaire de sa concession. La Société de protection, comme Jean Dollfus, fut amenée, dans la plupart des cas (à Bou-Khalfa, du moins, et à Haussonvillers), à abandonner aux colons la valeur de leurs maisons. La Société était d'autant plus disposée à prendre la suite de Jean Dollfus à Bou-Khalfa, qu'elle pouvait considérer ce centre comme une compensation à la perte de celui d'Aïn-Tinn (département de Constantine), qui lui avait été concédé en 1873 et auquel elle renonçait à ce moment même (difficultés dans le transport des matériaux, la route n'étant pas achevée entre Constantine et Aïn-Tinn, etc.)

« *d'Haussonville* » ou « *Dollfus* », les maisons de Bou-Khalfa ont gardé leur modestie un peu triste de la première heure, comme si elles attendaient toujours un meilleur avenir.

Haussonvillers (1) marque déjà un progrès sensible sur Bou-Khalfa. Le village s'appela d'abord Azib-Zamoun, vocable difficile auquel les premiers colons alsaciens donnèrent, dit-on, de singulières variantes. Heureusement, quelques années plus tard, le Conseil général d'Alger, glorifiant le nom du fondateur, simplifia celui de la fondation. Le « territoire de colonisation d'Azib-Zamoun » avait été mis à la disposition de la Société à partir du 1er octobre 1873. A ce moment, Haussonvillers n'est encore, dit un témoin (2), qu'une « conception géographique ». Mais, dès le mois de décembre suivant, trente-trois familles y étaient installées, soit « cent trente-cinq personnes, plus une cent trente-sixième qui vient de naître »; et le village, tout comme la cent trente-sixième personne, entrait dans la vie. Vie encore primitive, certes. On en était réduit au strict indispensable, au mobilier d'ordonnance envoyé par la Société, des lits de camp, une armoire à linge, une table de cuisine, et plus de tabourets que de chaises. Une famille avait, il est vrai, amené avec elle son mobilier personnel, presque luxueux, des glaces, un piano! « La jeune fille de la maison, qui conduit vaillamment la charrue pendant le jour, fait de la

(1) A 82 kilomètres à l'est d'Alger, à l'embranchement des routes d'Alger à Dellys et d'Alger à Fort-National par Tizi-Ouzou. Centre de colonisation privée.

(2) Eug. Hepp (Archives de la Société de protection).

musique le soir »; mais « tout le pays, jusqu'à Dellys et à Tizi-Ouzou, s'est ému et a parlé de ce piano, chose nouvelle dans ces parages ». Trois des maisons sont affectées aux « services publics » : l'une au représentant de la Société, une seconde au géomètre chargé de délimiter le territoire du village et les lots, une troisième au magasin de grains de semences. Des orages décourageants coïncident avec l'installation des premiers colons, des boues effroyables sur les chemins non empierrés, des boues à faire pleurer, disait une arrivante, et qui pleurait à chaudes larmes, en effet, sur le pas de sa porte. Les bêtes sont parquées en plein air, au centre du village, mais « elles y sont habituées de naissance, étant toutes d'élève ou d'origine kabyle »; moins habituées à leurs nouveaux propriétaires, elles ont, les premiers jours, des accès de mauvaise humeur, « les bœufs, comme les chameaux, les mulets et les chiens indigènes, n'obéissant qu'au burnous » et manifestant volontiers « contre quiconque n'en porte pas ». Les enfants, une quarantaine, « se trouvent encore sans surveillance ni instruction », courent les champs, « à paître le bétail », l'école n'est pas achevée, l'archevêque ne se presse pas d'installer les sœurs; il faut, suggère le commandant Riff (1), lui écrire qu'un instituteur laïque va arriver, et les sœurs viendront... La veille de Noël, grande émotion par les sentiers boueux et les maisons inachevées d'Azib-Zamoun. Les enfants et leurs parents s'empressent vers la maison des grains. Au centre de la cuisine, un arbre de Noël, un « pin d'Alep », qui arrive du Jardin d'Essai, à Alger, et une grande caisse,

(1) *Ibid.*, 2 janvier 1875.

recouverte d'un drap, avec des jouets, venus de Paris : la fête fut « aussi éclatante de joie que de lumières ». Et le lendemain, jour de Noël, le desservant de Bordj-Menaïel vint dire la messe dans la salle même du réveillon : c'était un jeune prêtre alsacien, originaire de Pfaffenhofen, ancien sous-officier, aumônier de la prison centrale d'Ensisheim lors de la guerre, qui faisait ses tournées à cheval, en bottes molles, et portant avec lui un « autel de campagne ».

J'ai fait, ici aussi, l'appel du passé : Ackermann Joseph était maréchal des logis du train des équipages quand il demanda une concession à Azib-Zamoun; Bossert, Hermann, Kleitz, Sand, Stinus, d'autres encore, terminaient également leur congé, quand ils arrivèrent ici, jeunes agriculteurs, qui n'avaient pas tous pratiqué le travail de la terre avant de partir au régiment, — et jeunes mariés, car, le célibat étant un peu suspect, pour obtenir la concession, on allait prendre femme dans un orphelinat d'Alger (1). Dahlem, Friant, Muller, Runtz, et tous les Scheid : ouvriers de fabrique, qui avaient travaillé à Bischwiller, à Sarreguemines, à Guebwiller, et au Zornhof, près de Saverne. Quelques isolés d'origines plus singulières encore, un surveillant de pénitencier militaire et un contrebandier. Mais Blatt, mais Heitzler, mais Godfroy, mais Grusenmeyer, et les deux Heinrich, et Lorentz, et Heppert, et Hostl, et

(1) Je ne sais s'il y eut dès ce moment un service organisé pour les protestants; en tous cas, quelques années plus tard, une pièce louée dans la maison du colon Sand leur servit d'oratoire. En 1884, le pasteur de Tizi-Ouzou exprima le vœu que l'église d'Haussonvillers fût soumise à ce régime du *simultaneum* qui est bien connu en Alsace (l'église servant tour à tour aux deux cultes)

Marchal, et Starck, et Zingraff, et Martzloff, tous ceux-là connaissaient depuis longtemps l'agriculture, ils étaient déjà « colons » au pays, comme dit un de mes interlocuteurs. Mélange, on le voit, d'éléments très divers, de « paysans véritables » et d'autres, qui le sont moins ou qui ne le sont pas du tout. Heureusement, à tout prendre, malgré le « tringlot », le quincaillier du Zornhof et le contrebandier, le recrutement était meilleur qu'à Bou-Khalfa : les « colons » l'emportaient de beaucoup. Assez d'autres circonstances survinrent, qui pouvaient contrarier le succès d'Haussonvillers. Les concessions, ici, furent en moyenne de quarante hectares, mais une trop grande distance (parfois douze kilomètres) séparait les « parcelles », et, de plus, à l'usage, la qualité parut moins enviable que la quantité, il fallait un effort sans répit pour un « rendement » parcimonieux. En outre, le progrès même n'a pas toujours servi les intérêts d'Haussonvillers. Auparavant, Haussonvillers était un relai important de la route d'Alger à Dellys et à Fort-National, avec toute une cavalerie, du mouvement, du trafic, des passages de troupes continuels. Vieux souvenirs aujourd'hui! depuis vingt-cinq ans, le chemin de fer a tué le relai, (1) et, de plus, les travaux de construction de la ligne, bureaux ou chantiers temporai-

(1) Le chemin de fer, réparant quelques-uns des méfaits qu'il a pu commettre dans la région, compte beaucoup d'Alsaciens à son service, dont plusieurs fils de colons. On en rencontre sur toute la ligne de l'Est-Algérien. Le chef de gare de Souk-el-Haad est de Schlestadt, celui de Khenchela est de Beinheim, celui de Félix-Faure est de Guebwiller, celui d'El-Guerrah, de Liépvre, celui de Mesloug, de Bergheim, celui de Batna, de Walbourg. J'en trouve une soixantaine d'autres, dans tous les emplois, garde-frein, ajus-

rement, mais largement rémunérateurs, avaient détourné beaucoup de colons de la colonisation. Ci une population mal recrutée aurait certainement montré une résistance moindre, Haussonvillers s'est maintenu, et la poussée des Arabes qui, depuis plusieurs années, achetant ou louant, reprennent sur Haussonvillers de leurs anciennes terres, serait encore plus forte et peut-être plus inquiétante sans ce fonds de colons solides, venus d'Ettendorf, d'Artolsheim, de Garrebourg, de Domnom, d'Eckartswiller, de Schorbach.

Plus heureux que ses aînés, dernier venu de la colonisation alsacienne, le Camp-du-Maréchal (1) fut l'enfant gâté de la famille : les difficultés antérieures lui furent épargnées, il profita de toute l'expérience acquise. Mis à la disposition de la Société de protection dès 1873, elle ne s'occupa de le peupler qu'un peu plus tard, en 1879, après les premiers progrès de Bou-Khalfa et d'Haussonvillers. On eut donc plus de temps pour préparer le futur village, pour étudier les plans, lotir plus pratiquement le terrain, construire les routes et les maisons, assainir surtout, barrer le passage par des plantations hygiéniques aux miasmes qui montaient du Sebaou voisin. Le recrutement aussi put se faire plus à loisir et se ressentit d'être moins précipité. La

---

teur, chef de pose, chef d'équipe, chauffeur, brigadier de la voie, chef de train, commis principal, chef de bureau, etc. L'ingénieur en chef de l'exploitation est de Strasbourg. On peut noter aussi que la partie de la ligne qui est dans la province d'Alger, a été construite par un Messin, et l'autre, celle qui est dans Constantine, par un Wissembourgeois.

(1) Entre Haussonvillers et Bou-Khalfa.

commission devant laquelle comparaissaient les futurs colons de la Société de protection, à la mairie de Nancy (1), se montra-t-elle particulièrement sévère dans son examen? Peut-être, si j'en crois quelques-uns de ceux qu'elle interrogea. Elle fut, en tous cas, plus exigeante : il fallait, maintenant, déposer entre ses mains une somme de quatre mille francs, dont la moitié seulement serait rendue aux colons (sous forme de fournitures diverses après leur installation) : le reste, deux mille francs, représentant la moitié du prix de la maison construite à leur intention, demeurerait acquis à la Société. Mais il n'importait. Les candidats affluèrent, justifiant de leurs ressources, qui de 8.000 ou 10.000 francs, qui de 15.000 francs, qui de 20.000, même davantage. Comme tant d'autres, s'ils partaient de chez eux, ce n'était pas que la misère les chassât...

Aujourd'hui, ce village au nom pittoresque et guerrier, souvenir d'un camp qu'y établit le maréchal Randon et peut-être déjà Bugeaud, d'une de ces *Biscuits-villes*, comme on disait alors, qui servaient de centres de ravitaillement aux colonnes, — aujourd'hui, le Camp-du-Maréchal est une parfaite enclave d'Alsace sur le sol de l'Algérie. Voici la maison Kern Joseph. Voici la maison du père Hildenbrand. Bonjour, Madame Goetz! Bonjour, Madame Kast!.. Les souvenirs du départ viennent aux lèvres, créent tout de suite une intimité, dès l'accolade à la gare, dès les poignées de mains du débarquement... Le père travaillait, contre-

(1) Elle était composée du comte d'Haussonville, de M. E. Lederlin, professeur à la Faculté de droit de Nancy, et de M. Penot, secrétaire général de la Société.

maître, à Mulhouse, « chez André Koechlin ». La guerre survient; la prise de possession par les Allemands; un corps de garde à l'entrée de la ville. On habitait Brunstatt, un faubourg; il fallait montrer « sa passe » tous les jours, en allant au travail, en revenant. Une insolence du factionnaire, une mauvaise humeur de l'autre; coup de poing; appel à la garde; fuite par le canal, à la nage. Il s'est réfugié à Belfort. Quelques jours après, la mère, à Brunstatt, accouchait de son neuvième enfant, et on portait le nouveau-né à Belfort pour qu'il ne fût point « baptisé Prussien »... Et aussi des souvenirs de caserne allemande. Oui, allemande. Car celui-là avait quitté le pays, s'était engagé dans la Légion, puis, au bout de deux ans, avait voulu revoir son village, ses vieux. Il est reconnu, arrêté; alors, le casque et le pain noir, en Westphalie. Un jour, un de ses camarades alsaciens, saisi à la gorge par un sous-officier : « Ils ont volé les bœufs de mon père, et voilà comment ils me traitent !... » Puis on est parti pour l'Algérie, tous les enfants, et le vieux père leur disait, au moment de la séparation, malgré son âge : « Si ça marche un peu chez vous, faites-moi signe, je viendrai. *J'en ai assez.* » Il est venu, et c'est ici qu'il est mort, il est enterré au cimetière du Camp... On parle de l'abbé Fund, de l'abbé Fournaise, de l'abbé Grusenmeyer, de l'abbé Florent Marx, les premiers curés du Camp et d'Haussonvillers, tous Alsaciens, compagnons et consolateurs de l'exode. Alsaciennes également, les Sœurs de Ribeauvillé, qui tinrent longtemps l'école des filles, là, près de l'église, sur la place, dans cette jolie maison blanche où le comte d'Haussonville installait son bureau, lorqu'il venait au

Camp, et qu'il a, depuis, offerte à la commune (1). Alsacien aussi, le premier instituteur, M. Schœffler, ancien élève de l'école normale de Colmar, instituteur-adjoint à Wintzenheim avant la guerre, — et qui n'enseigna pas seulement les petits, car, un jour, Fleckinger André, qui avait vingt-cinq ans, et Riemer Jérôme, qui en avait trente-cinq, et Timmel Charles, qui en avait quarante-quatre, s'en vinrent chez lui, pour le prier « d'ouvrir une école du soir, afin qu'ils puissent y apprendre la langue française ». On parle des cousins restés au pays, des échanges de bons procédés avec eux, des visites qu'on leur fait. « Nous leur envoyons des figues, des oranges, des mandarines; eux, ils nous envoient du kirsch et des mirabelles. » Le père Schweitzer n'y a pas été depuis dix ans, et il a bien envie d'y retourner. M. Criqui, l'ancien maire, n'avait pas revu l'Alsace depuis vingt-quatre ans; il vient d'y passer deux mois, avec un de ceux de Bou-Khalfa, et, suivant l'habitude, il a été, par tout le pays, « porter le bonjour » aux parents des autres... Celui-là, de revoir son village, c'est son « rêve », me dit-il, les larmes aux yeux, et il attend avec impatience le moment où il pourra passer la frontière sans crainte de l'autorité militaire allemande : aussitôt ses quarante-cinq ans sonnés, il prendra son passage et partira. « Pour toujours ? — ... Oui,... *si les choses changeraient !* » Son frère, maréchal des logis d'artillerie, a été tué, il y a

(1) Les princes d'Orléans, les Chalais-Périgord, les de Broglie, les Greffulhe avaient, avec le comte d'Haussonville, participé aux frais de construction et d'entretien de cette école (F. Mannberger, *op. cit.*, page 7).

deux ans, dans le massacre de Fez. Tous ils *en* sont, de là-bas, et, presque tous, de deux mêmes villages, Seltz et Beinheim, dans l'arrondissement de Wissembourg. Tous ils *en* sont, même les Kabyles : je n'ai pas pu voir *Kroumpire-Hans*, (1) celui d'entre eux qui a le mieux adopté la langue maternelle des gens du Camp, il était au labour et toutes les recherches furent vaines, mais on m'a présenté un de ses émules, et comme je demandais à celui-là s'il parlait aussi l'*elsässer ditsch*, ce diable noir en burnous m'a répondu par un *Allewey !* (2) sonore et chantant, superbement du cru, que je n'oublierai de ma vie et que ne dépara point, croyez-m'en, le reste de la conversation.

Des aspects et des usages d'Alsace revivent sur ce sol lointain : l'impression est étrange, de les retrouver ici, de l'autre côté de la Méditerranée, sous le soleil d'Afrique. Sur la colline, le blé, la luzerne, le tabac dessinent côte à côte de longs rectangles réguliers : atavisme agricole, « petite culture » isolée parmi les « grandes cultures » d'Algérie. Autre tradition, non plus des champs, mais de la ville : dans leurs maisons, telles qu'elles les attendaient à l'arrivée, c'est d'une pièce intérieure qu'on communiquait, par une simple trappe, avec la cave ; ils ont changé tout cela ; maintenant, on y entre du dehors, par ces auvents en pente, qui s'appuient au sol et qui s'ouvrent sur la rue, comme dans les maisons de chez eux. Et puis,... « un

(1) Surnom en patois alsacien qu'on pourrait traduire par : *Jean des Patates*.

(2) Déformation et contraction populaire de : « *alle Wege* ». « Certainement, bien sûr ! » Il est vrai qu'on cite un des Alsaciens d'ici qui peut tenir tous les discours du monde en allemand et en kabyle, mais, en français, point.

village où il y a pas de religion, c'est rien », m'a dit le Bernard; les processions, spectacle inconnu ailleurs en Algérie, sont une des joies du Camp-du-Maréchal, et même, ces jours-ci, à la dernière Fête-Dieu, la fanfare de Hussein-Dey est venue militariser le cortège de ses cuivres belliqueux, au grand enthousiasme des habitants du Camp et de tous les Alsaciens d'alentour. Recevoir, dès le matin, du « secrétaire indigène » de la mairie, l'aimable hommage d'un « café arabe », et, la minute suivante, se surprendre à chantonner avec un natif de Monswiller notre *Hans im Schnookeloch* d'Alsace, comme un air de ralliement entre « pays »; admirer, au mur, une pancarte calligraphiée et coloriée, la liste des membres de cette authentique municipalité alsacienne — Eininger Félix, maire, Schweitzer Laurent, adjoint, Streicher Jean-Baptiste, Kern Joseph, Albrecht Joseph, Albrecht Eugène, Kast Mathieu, Fund Jérôme, Marter Joseph, Goetz Jérôme, conseillers municipaux — dans un encadrement d'arabesques où se devinent des personnages kabyles dégustant le couscous en famille; voir surgir des feuillets de l'état civil, pêle-mêle, Eugène Oland, fils de Georges, et de Marie-Eve Keller, Mohammed Chaouch, fils de Chaouch Ali Ben Mouloud et de Khetab Fatma bent Smaïl, Jean-Pierre Kuntz, fils de Joseph, et de Marie-Berthe Bauer, Fatma Akrour, fille de Akrour ben Saïd et de Aliouat Yamina bent Saïd; rencontrer, à quelques mètres du Sebaou, à l'ombre des eucalyptus, une œuvre de Falguière, l'effigie du comte d'Haussonville, sur une pyramide de marbre qui porte ces mots : d'un côté, ALSACE, de l'autre, LORRAINE; parler de Wissembourg avec M. Eininger, de Saverne avec M. Streicher, de Trimbach avec Kast

Mathieu, d'Ettendorf avec Muller Xavier, le garde-champêtre, et, tout en causant, répondre par un salut militaire aux Arabes qui passent, les jambes pendantes, sur leurs mules, suivre longuement du regard, dans le crépuscule d'Orient, le jeune pâtre biblique qui conduit ses bêtes à l'abreuvoir : oppositions de tous les instants, trop émouvantes pour que l'esprit s'en amuse... La journée est finie ; depuis longtemps, les Kabyles sont remontés vers leurs gourbis ; dans la rue, l'obscurité profonde et le silence ; la promenade du soir. Quelques formes humaines, que je devine mal, et des voix. Des voix, avec les intonations, les idiotismes, tout l'accent de chez nous. « ... Comment, une grande fille comme toi qui *veut* être méchante ? *Quand* tu n'es pas sage, je te laisse *dehôrs*... — Si la sœur de Frœliger *ira* à Paris, elle *doit* me *soigner* une commission... — *Je suis sûr*, c'était l'année où j'ai *reçu* mon fils... » Je revois tout à coup d'autres soirs lointains, là-bas, dans quelqu'un de mes villages d'Alsace, je reconnais des voix familières, disant les mêmes mots, chantonnés, appuyés, du même accent. Comme cet air du pays envelopperait délicieusement !... mais pour nous, en quelque endroit de la terre que nous nous retrouvions, à la douceur des souvenirs une amertume se mêle, et notre émotion n'est pas de tendresse seule et d'égoïste regret. Entre autrefois et aujourd'hui, vision implacable, la mauvaise frontière passe... Il me semblait entendre encore le père Schweitzer, qui disait tout à l'heure, « à l'apéritif », bonnement, simplement, comme il le pense : « Il faut que la France il se montre, il faut qu'il soit fort ; la France était trop bon ; ils avaient trop de confiance », et je vous assure que je n'ai point ri... J'ai pensé alors à la raison première pour laquelle tous ces braves gens sont ici, pour laquelle j'y suis venu moi-même, et j'ai senti, une fois de plus, que je ne me consolais point de la France diminuée.

***

Le succès du Camp-du-Maréchal, — on l'a vu par quelques exemples, — n'a pas couronné partout les efforts de la colonisation alsacienne-lorraine en Algérie. Le recrutement hasardeux des colons, les premières surprises du climat et du sol, déterminèrent chez quelques-uns un fâcheux laisser-aller. On perçoit encore, au hasard des conversations, l'écho des souffrances d'autrefois. Ils arrivaient durcis par le soleil et la pluie, mais faibles et bientôt sans courage devant ce soleil-là et ces pluies-là. La fièvre était partout, sortait de partout : on ne savait pas ce que c'était, et on mourait. Ils arrivaient d'Alsace, habitués à boire du bon vin, ou de la bière : ils ne trouvaient en Algérie que le mauvais vin d'alors et l'absinthe, qu'ils ne connaissaient que de vue chez eux, privilège, en ce temps, de quelques cafés militaires. Peut-être les facilités même qu'on leur offrait furent-elles la cause innocente de tristes effets. Certains s'habituèrent doucement à être aidés, aimant mieux ne rien gagner, et ne rien faire ; et ce n'est pas sans raison, paraît-il, que courut parfois, sur quelques-uns, ce sobriquet : « planteurs de queues de billard ». D'autres, plutôt que de sombrer dans cette existence, sont repartis.

Mais la plupart d'entre eux (environ 900 familles sur 1.100) sont restés. Les uns ont continué la lutte avec le sol, énergiquement, victorieusement, eux-mêmes ou leurs descendants étant toujours « en possession » de la concession primitive. Les autres, abandonnant l'agriculture, se sont créé des situations honorables, souvent brillantes, dans le commerce, dans l'industrie, dans l'administration. Les départs, d'ailleurs, ont été en partie compensés par des arrivées nouvelles. Quoique le grand mouvement de l'immigration alsacienne-lorraine se fût ralenti à partir de 1875 et arrêté vers 1881, des Alsaciens-Lorrains sont venus, en quantité assez considérable, même après cette date, attirés par les parents, les amis, les gens de leur village, qui avaient réussi, ou pour s'attacher à la fortune de quelque entreprise de fondation alsacienne, ou pour d'autres raisons : légionnaires qui, leur temps achevé, ne quittent plus leur garnison ou ses abords, alluvions d'Alsace laissées par la Légion étrangère autour de ses deux régiments, à Sidi-bel-Abbès et à Saïda... Pour tous ceux-là, l'initiative de M. de Belcastel a été le germe heureux de leur avenir.

Une autre personne, plus haute, en a profité. « Nous avons à fonder une colonie française, et non européenne », écrivait, en 1871, à propos d'un des nouveaux villages projetés, le rapporteur du Comité consultatif de colonisation (1). Sur quelles observations décevantes se fonde ce judicieux avis, et quelles craintes l'inspirent, ce n'est point ici le lieu de le rechercher. Dès avant 1871, l'Algérie avait attiré beaucoup d'éléments étrangers; elle a continué, depuis quarante ans, à séduire, à absorber, à assimiler. Certes, les apports

(1) Séance du Comité, du 26 octobre 1871 (Archives du Gouvernement général).

moraux de l'individu dans la collectivité, d'une petite collectivité dans une collectivité plus grande, échappent aux évaluations précises. Il est permis d'affirmer, pourtant, que dans le creuset où de tant d'éléments divers s'élabore une sorte de type algérien, l'Alsace et la Lorraine ont jeté quelques qualités précieuses de méthode, de ténacité, de conscience au travail, de susceptibilité patriotique. L'Alsace et la Lorraine perdues, on l'a souvent remarqué dans ces dernières années, ce n'était pas seulement deux provinces en moins, c'était aussi, par instants, la France « déséquilibrée » : harmonieux composé de Nord et de Midi, d'Est et d'Ouest, auquel, tout à coup, l'Est manquait. Les cinq mille Alsaciens d'Algérie ne sont pas inutiles pour maintenir dans la seconde France l'équilibre français.

Et puis, cet élan mutuel qui rapprochait la mère-patrie et quelques milliers de ses enfants au lendemain d'une séparation que les vainqueurs auraient voulue définitive, cette étreinte confiante sur des ruines, ne manquait pas de grandeur. Le général de Galliffet, qui commandait alors la division de Constantine, écrivit un jour à ses commandants de subdivisions et de cercles, découragés sans doute par quelques mauvais colons : « Il ne s'agit pas d'illusions, mais de nous conduire de telle façon qu'aucun Alsacien-Lorrain ne puisse un jour nous reprocher de n'avoir pas tout fait pour payer la dette que l'armée a contractée vis-à-vis de nos compatriotes chassés de leur pays. » (1) Paroles

(1) 11 décembre 1872 (Archives du Gouvernement général). — Cf. dépêche de l'amiral de Gueydon, gouverneur général, au préfet de Constantine (6 juin 1871) : « Il faut par tous les moyens

graves, raison profonde qui inspira les de Belcastel, les Dollfus, les d'Haussonville, les Wolowski, et d'autres initiatives, et d'autres dévouements moins notoires. Oui, il fallait « tout faire », dans l'immensité du désastre, pour « payer la dette » de la France envers l'Alsace, racheter les fautes passées, sauver ce qui pouvait encore être sauvé; il fallait tout faire, et des hommes ont tout fait pour conserver des Français à la France. Mais d'autres ont fait plus encore pour se conserver la France à eux-mêmes. « On aurait risqué davantage, s'il l'avait fallu », me disait un de ceux de Belle-Fontaine, à qui pourtant les fièvres enlevèrent presque tous les siens, « car c'était trop dur de rester là-bas... »

---

possibles mettre les immigrants alsaciens-lorrains en position de pourvoir par le travail aux besoins de leurs familles. Cela fait, il ne faut refuser à aucun les subsides alimentaires. Une considération domine toutes les autres : les Alsaciens-Lorrains ne peuvent, faute de moyens d'existence sur le sol de la France, être contraints à retourner dans leur pays natal et à devenir ainsi des étrangers. Un crédit vous sera ouvert, demandez-le. » (L. C. Dominique, *op. cit.*, page 141); — et lettre du commandant Zurlinden à la Société de protection, pour faire demander une somme de 30.000 francs à la Commission Wolowski à l'effet de remettre en état l'outillage de 160 familles alsaciennes-lorraines de la province d'Alger (10 octobre 1873) : « Il y a, de plus, un intérêt national à faire réussir ces villages alsaciens-lorrains qui resteront comme la preuve de l'attachement de la France pour les provinces qu'elle a perdues. » (Archives de la Société de protection)

Industries qui se sont transportées sur le territoire demeuré français; petites villes qui ont perdu, avec une partie de leur population, leur caractère et leur âme; grandes villes déjà atteintes ou de plus en plus menacées par l'invasion administrative, militaire, commerciale d'outre-Rhin; agglomérations « indigènes » toujours compactes où l' « immigré » se hasarde sans audace; forces anonymes qui ne voulaient pas être acquises comme des choses, avec le sol, par la force, et qui se sont dispersées au loin : Bischwiller, Phalsbourg, Metz, Mulhouse, l'Algérie offrent de l'émigration alsacienne et lorraine des aspects assez divers, je l'espère du moins, pour ne point fatiguer le lecteur, assez représentatifs aussi pour qu'il ne manque rien d'essentiel à la douloureuse histoire de cet exode. Mais de tant de vaillances et de misères j'ai trouvé plus d'une trace encore, sur les autres routes où je l'ai suivi.

J'ai vu Wissembourg, notre ancien « coin de Wissembourg », jolie sous-préfecture française, où souriait autrefois le souvenir de Marie Leczynska demandée en mariage par Louis XV, vision pimpante et poudrée qu'efface depuis quarante ans une vision sanglante : le cadavre du général Douay transporté à la pharmacie Rehm... Ici aussi, comme à Phalsbourg, « tout le monde est parti », la ville a été « décapitée ». De la vieille bourgeoisie française, il ne reste plus que sept ou huit familles, et qui meurent : les filles ne se sont pas mariées, les fils ne sont plus là. Industriels, fonctionnaires, officiers : tout ce petit monde wissembourgeois était attaché d'un même cœur aux mêmes traditions et au même sol. Il était naturel que le départ des uns entraînât celui des autres. Des industries périclitèrent ou disparurent. Pour certaines d'entre elles, il est vrai, les conditions d'exploitation se sont modifiées depuis quarante ans, et les quelques tanneries établies à Wissembourg n'auraient peut-être plus vécu longtemps, même sans le traité de Francfort; mais, pour presque toutes, c'est le changement de frontière qui a seul arrêté le développement de l'entreprise, provoqué le départ des hommes : s'il fallait recommencer sa vie à pied-d'œuvre, mieux valait tenter la nouvelle fortune sur la terre française. Wissembourg, chef-lieu d'arrondissement, était le siège d'un tribunal civil; quelques semaines après le traité, la loi allemande du 14 juin 1871, remaniant les circonscriptions judiciaires d'Alsace-Lorraine, supprima le tribunal de Wissembourg : les juges français étaient partis, il n'en vint pas d'autres, et tout ce qui vit autour de la justice disparut avec elle. Wissembourg était ville-frontière, centre d'un service de douanes important : tout un personnel qui recula en même temps que la frontière, jusqu'où le traité la transportait : « La douane *s'est repliée* », me dit un de mes interlocuteurs : expression concise, imagée, douloureuse... « Des Wissembourgeois, dit un autre, il n'y en a plus qu'au cimetière ». Là, du moins, à côté du monument élevé *« Aux soldats français — nos frères — morts pour la patrie »,* il y a encore des Veling et des

Hornus, des Zœgger et des Gauckler, des Boell et des Weber, des Apffel, des Scherer, des Volpert, des Ehrwein, — des noms qu'on a retrouvés presque tous, depuis la guerre, dans l'Annuaire de l'armée française.

« Tout le monde est parti ». Pourtant, Wissembourg compte toujours de cinq à six mille habitants, comme avant 1870. Mais ce ne sont plus les mêmes. Sans doute, sa situation à l'extrême frontière, la fréquence des communications avec les gens du Palatinat voisin, avaient dès longtemps facilité l'introduction de quelques éléments allemands dans la population, surtout lors des crises politiques : dans la conversation, plus d'un nom est suivi de ce qualificatif : « Ceux-là, c'étaient des *Freischaerler* » : on appela ainsi, à Wissembourg, les réfugiés de 1848 et leurs familles. Mais bientôt, « le milieu » les « absorbait », comme on dit, absorption très rapide, par ce milieu solide et solidement français, — qui s'est dissous aussitôt après la guerre. Alors il n'y eut plus ni résistance ni absorption possible. L'invasion lente a suivi l'exode, et l'on peut observer ici, dans sa simplicité, le processus de ce phénomène. Les Wissembourgeois, par exemple, avaient presque tous un jardin à l'extérieur de la ville; bourgeois, parfois petits vignerons, chacun y cultivait lui-même sa vigne, employant pour l'aider à la tâche des paysans du Palatinat. Après la guerre, on est parti à Nancy, à Lunéville, à Paris, on a vendu, — et les ouvriers viticulteurs du Palatinat sont devenus les propriétaires des petits jardins. Autre fait, presque symbolique. Un des Wissembourgeois les plus attachés à la tradition du passé français, résolut récemment de quitter, lui aussi, Wissembourg et l'Alsace; or, l'héritier d'une grande partie de sa clientèle est un de ses employés, originaire d'au-delà de l'ancienne frontière, et chez qui l'on voit, pendue au mur de son bureau, avec un portrait de Guillaume II, une reproduction du tableau bien connu : « *Heldentod der elf Schill'schen Offiziere vor Wesel — 16. September 1809* » : je suis certain que la maison de son prédécesseur contenait d'autres souvenirs que celui-là.. Entre ceux qui sont partis et ceux qui sont arrivés, il y a égalité de nombre, non point équivalence de qualité : cette formule revient dans tous les propos. L'ancienne bourgeoisie s'en est allée, et rien n'a pris sa place... Mais qui sait quels bourgeois seront demain ces petites gens d'aujourd'hui, venus d'Allemagne en Alsace à la suite des conquérants? J'entends des mots pénibles : « Nous sommes des vaincus »... « Nous sommes des épaves »... Des épaves... Derrière ces plis légers du terrain, où le regard du Français attristé s'efforce à voir quand même le tracé de la frontière disparue, derrière ces touffes d'arbres, l'angle de ces deux routes, cette maison au bord du sentier, ce peuplier sur la crête, — la vague étrangère se pressait : depuis, à la suite du déferlement furieux d'il y a quarante ans, l'infiltration se poursuit, le flot grossit, monte, d'une crue lente, mais continue, autour de ces épaves abandonnées et peut-être les submergera demain.

A cent kilomètres de Wissembourg, vers l'ouest, une petite ville lorraine : Vic. Ici le flot n'a point pénétré. On est trop loin de l'ancienne frontière, trop près de la nouvelle; et puis, une digue encore puissante protège, presque sans qu'elles aient à se défendre, les villes et les campagnes de cette région : leurs habitudes et leur langue, purement françaises, qui rebutent l'Allemand, même colonisateur. Ce n'est plus le Palatinat qui se déverse sur l'Alsace, mais la Lorraine sur la France. Ce n'est pas l'invasion, mais c'est encore l'exode, la retraite vers la France. Et c'est encore le « repliement ».

Jusqu'à une heure avancée de la nuit, en interrogeant, en écoutant quelques anciens du pays, de ces hommes qui connaissent par cœur toutes les généalogies et biographies de leur petite ville, j'ai vu renaître les jours de l'option et passé la revue des partants. Vic, ancienne résidence de sûreté des évêques de Metz, avait, depuis la Révolution et quoique la ville ne fût pas chef-lieu d'arrondissement, conservé son tribunal, successeur de l'ancien tribunal épiscopal. Dès le lendemain de la guerre, Vic perdit son tribunal, comme Wissembourg. Il n'y survécut, de tout le passé, qu'une étude de notaire. Des cinquante clercs occupés à Vic, deux seulement y restèrent : tous les autres partirent, l'un est devenu greffier du tribunal à Verdun, un autre, huissier à Saint-Ouen, un autre, secrétaire de préfet, un autre... Mais je passe. Avoués, greffiers, premiers clercs et petits clercs n'avaient plus ici de raison d'être : ils sont partis. Beaucoup d'autres aussi s'en allèrent, qui pouvaient rester, si la raison d'être avait seule alors dirigé les consciences et les actes. Humbert Jean-François, cordonnier, trombone dans la musique municipale, parti pour Nancy ; son frère, Jean, le garde-champêtre, est mort à Malzéville ; Busseuil Benoît, tailleur de pierre, s'en fut jusqu'à Bordeaux ; Courteau Laurent, menuisier, n'a pas voulu rester,

« à cause de ses trois fils », — vous devinez pourquoi, — il est parti avec eux à Nancy; Grosjean Jean-Pierre, vigneron, parti à Bezange; Parisot Silvain? garde-forestier à Champenoux; Rose Masson? marchande de bonbons à Essey-les-Nancy; Lefèvre Charles? chef de musique à Paris; Lhote, le charpentier? Nancy; Michel Dominique? Saint-Nicolas; Mathis François? Alger; Parent Martin, vigneron, — vous savez bien, l'oncle de l'Adèle Évrard, — est allé à Reims. Et combien d'autres encore! René Germain, le tailleur, Weber Mathias, le père de Weber qui est devenu inspecteur des forêts, Clochette, le maréchal-ferrant, Doiteau, Doiteau le Nicolas, charcutier, Beaudoin Jean-Pierre, boulanger, Poinsignon Nicolas, cordier, et Paté Charles, de Lindre-Haute, et le Jean-Baptiste, l'épicier, le frère du Constant, et Etienne Alexis, pauvre diable de cantonnier, parti à Moncel, qui est revenu mourir ici, et la veuve Devanel avec ses enfants, qui habitait la maison de Sophie Muller, et le Théodore-Charles, le vigneron du Coin des Quatre-Voleurs... On est parti... Plus du tiers de la population... Tenez, place du Moulin, où vous passiez tout à l'heure, une maison où il y avait trois ménages, il n'y en a plus qu'un; à côté, un seul ménage aussi; en face, un également; la maison du coin, plus personne; l'autre, démolie, « rarrangée » pour magasins à fourrages ou pour « bougeries ». La propriété bâtie n'est jamais remontée à ses prix d'autrefois. Une maison qui valait quinze mille francs avant la guerre, s'est vendue trois mille vers 1880... On partait... Souvent, pour que l'administration allemande ignorât plus longtemps la décision prise et ne compliquât pas de ses tracasseries les autres embarras du départ, on allait faire sa déclaration d'option « en France », à Juvrecourt, ou à Athienville, ou à Moncel, ou à Nancy. On partait... On loua des logements, quand on en put trouver, à Arracourt, à Juvrecourt, à Bezange, à Moncel, et de là on revenait ici cultiver son champ; mais, parfois, les Allemands barrèrent la route... En faisant le « tour de ville », j'aperçois la France à quelques centaines de mètres; la plaine, devant mes yeux, se continue et s'achève en France; l'horizon tout proche, c'est la France. Il me semblait les voir partir tous, disparaître sur la route, ceux qui purent se croire encore chez eux, dans ces Moncel et dans ces Juvrecourt, — et les autres, ceux qui s'en allèrent plus loin, beaucoup plus loin, bientôt invisibles de Vic, et pour qui la fidélité à la patrie, ce fut quand même une expatriation.

Ailleurs, au pied des Vosges, de ce côté-ci de la frontière, j'ai vu l'exode arriver, ces Français deux fois Français (1) se débattre avec les difficultés d'une existence à refaire, errants, inquiets, mais se redressant toujours dans la fierté de n'avoir pas voulu « rester Prussiens ».

Au Val-et-Châtillon, sur la Vezouse, commune qui n'avait pas mille habitants, il en arriva plus de deux cents. Ils venaient par le Donon à pied, par la vallée de la Plaine, le col de la Charaille, la vallée de la

(1) Cette qualification fut populaire au lendemain de la guerre, et l'est restée. Elle n'est pas une formule emphatique : tout ce livre en démontre le sens précis. Français par la naissance, les optants devenaient, par cet acte, une deuxième fois Français.

Vezouse. Plusieurs avaient déjà opté à Raon-sur-Plaine, le premier village qu'ils rencontraient à la descente des Vosges, mais Raon-sur-Plaine, n'ayant pas d'industrie, ne les retenait pas au passage, ils poursuivaient jusqu'au Val, s'embauchaient aux usines, au tissage mécanique les « fileurs-rattacheurs » et les « tisseurs » de Schirmeck et de Rothau, à la scierie les bûcherons d'Abreschwiller; et, dans les jours qui suivaient, le « bureau » organisait un service de charrettes qui allaient chercher leurs meubles au village abandonné... Plus bas dans la vallée, Cirey faisait partie d'un vaste ensemble d'industrie verrière qui comprenait, de l'autre côté de la frontière, Saint-Quirin (1). Et Cirey a recueilli Saint-Quirin. Aujourd'hui, parmi les « polisseurs » de Cirey, la moitié seulement, ou à peine davantage, sont des autochthones; les autres, venus, soit tout de suite après la guerre, soit quelques années plus tard, quand fut fermée l'usine de Saint-Quirin (2), sont des gens de Lorquin, d'Abreschwiller, de Lafrimbolle, de Nitting, de Niederhof, d'Hermelange, de Vasperviller, de Walscheid... A Raon-l'Étape, sur cinq mille habitants environ, près d'un millier sont d'origine alsacienne. En 1872, plus de cent jeunes gens d'outre-Vosges, vinrent tirer au sort avec les conscrits du canton. J'ai parcouru les listes où, un par un, pour lui-même et les siens, chaque chef de famille immigrante « déclare opter pour la nationalité française et fixer son domicile à Raon-

(1) Plus exactement : Lettembach, près de Saint-Quirin. Mais la dénomination : « Verreries de Saint-Quirin » est d'usage courant.
(2) En 1888.

l'Étape » : du 15 février 1872 au 9 juin, cent vingt familles sont inscrites, qui de cinq, qui de sept, qui de neuf enfants; du 9 juin au 30 septembre, cent quatre familles; ici, seize familles; là, vingt-six; ailleurs, quarante... Immigration qui a continué, même après 1872. Quelques-uns étaient restés en arrière, occupés à couper des bois pour les Allemands, qui se hâtaient d'abattre, ne croyant pas qu'ils jouiraient longtemps de leur bien. Mais, peu à peu, les retardataires rejoignirent les autres. Puis, plus tard encore, ce furent des industriels « annexés » qui essaimèrent ici, l'un de Metz, l'autre de Wasselonne. Et toujours, de ces registres banals, je sens monter en moi la même émotion fiévreuse, aux derniers jours de cette enquête comme aux premiers, à Raon comme à Elbeuf ou à Belfort : le « dernier domicile », le « lieu de naissance », c'est Dambach, c'est Obernai, c'est Altkirch, c'est Erstein, et Ingwiller, et Haguenau, et Düttlenheim, et Dorlisheim, et Sainte-Marie-aux-Mines, et Neuf-Brisach, — tous ces noms qui me sont familiers, qui me rappellent, presque tous, un visage, une image, un souvenir, que je revois à leur place dans l'ancienne carte de France comme si j'avais connu la France de cette carte-là, — et qui sont, maintenant, *l'étranger*.

Épinal. Encore des « options », des « déclarations de domicile », des « réintégrations », et bien d'autres documents, les plus divers, où apparaissent et revivent toutes les difficultés, les générosités, les tristesses de l'exode : des comptes de la Préfecture avec la Compagnie de l'Est, 13 émigrants transportés de Neufchâteau à Langres le 20 juillet 1871, 93 de Neufchâteau à Gray le 21, puis, les jours suivants, 33, 24, 36, 25, 38, 48... ; — le relevé des opérations du Comité de Saint-Dié : 1.390 places de chemins de fer et voitures : 9.345 fr. 75, et 6.331 repas, et 10.900 kgr. de pain, et 2.873 fr. 25 à recouvrer sur le gouvernement français pour transport des jeunes gens alsaciens de la classe 1873 ; — les mémoires établis tous les quinze jours par l'aubergiste Bojoly, d'Épinal, pour l'entretien des jeunes émigrants en instance d'engagement volontaire dans l'armée française ; — des demandes de secours : la famille Ostermann, dont « les meubles et vêtements ont été incendiés au bombardement de Strasbourg, où le mari a été estropié », Franck, de Wissembourg, serrurier, qui « a vendu ses outils pour émigrer », Ch.-Eug. Leypold, ancien soldat, ayant perdu l'œil droit à la bataille de Traktir, père de quatre enfants en bas âge, contremaître de tissage et qui « a tout quitté pour conserver le nom de Français » (1) ; — d'autres demandes, hiérarchiquement transmises, par l'inspecteur primaire, en faveur de M. Lirhantz, ex-instituteur-adjoint à Thann, non replacé dans les Vosges, « car il y en a trop à

---

(1) Et celle-ci, particulièrement dramatique : de Xavier Mayerhoffer, ouvrier fondeur à Cornimont. Engagé volontaire pour la durée de la guerre au 1er zouaves, puis versé au 1er tirailleurs algériens, il est fait prisonnier à l'armée de la Loire, s'évade, retourne à son régiment, qui est renvoyé en Afrique. Lui-même, libéré à la fin de la guerre, quitte le service, opte pour la France, regagne « ses foyers », en Alsace, mais il n'y trouve plus personne : ses parents ont opté, eux aussi, et sont déjà partis, pour Vierzon, où il les rejoint. Il n'a pas de ressources, il n'a pas de travail. Il trouve à s'occuper pour un mois, à Auxerre, puis va chercher ailleurs, aboutit à Cornimont. Mais il a souffert de trop de privations, il tombe malade, demande un secours... Il meurt, quelques jours après, à Cornimont, soigné chez un autre Alsacien, qui n'a pas voulu être dédommagé de ses frais.

replacer », ou de M. Windenberger, dont le traitement, comme adjoint à Rambervillers, est inférieur de près de moitié à celui qu'il touchait comme titulaire à Ballersdorf (Haut-Rhin), ou de M. Eschenbrunner, ex-instituteur à Lixheim, nommé au Saulcy (Vosges), où il vient d'arriver, après un déménagement coûteux, avec sa femme et onze enfants ; — ou encore, recommandées au préfet par le conservateur des forêts, « quarante-cinq demandes de secours présentées par les préposés forestiers des Vosges, repliés de l'Alsace-Lorraine »... (1)

Certains, voyant passer la foule de ces Français d'hier, songèrent aussitôt à les fixer là, pour le plus grand bien de la ville. Claude (des Vosges), député à l'Assemblée Nationale, écrivait au préfet, pour lui soumettre une idée de M. Gauckler, l'ingénieur en chef des ponts et chaussées : qu'on élevât des baraquements, même des maisons, pour les optants, car, de l'autre côté de la nouvelle frontière, « le gouvernement allemand se préoccupe vivement de la crise mulhousienne, il apprend à ses dépens qu'on peut violenter les hommes, les gouvernements, les situations, mais qu'on ne violente pas les lois économiques », et la situation créée à Mulhouse par le traité de Francfort peut avoir une heureuse répercussion sur la vie industrielle et commerciale des

(1) « ... Beaucoup des gardes forestiers des provinces perdues par la France, pour rester fidèles à leur Patrie, n'ont pas hésité à sacrifier des positions acquises, des postes avantageux, et ont repoussé des offres séduisantes que leur faisait le gouvernement allemand. Un grand nombre a été malmené, expulsé et réduit, jusqu'au moment où il a été possible de les replacer, à errer sur divers points ; tous ont éprouvé des pertes considérables pour leur modeste position... » (5 avril 1873, Archives départementales des Vosges)

Vosges. Mais le ministre, consulté par le préfet, soulève des objections, « il ne lui semble pas qu'il y ait dans les Vosges des centres industriels assez importants, il estime, en outre, que l'affluence des émigrants dans ce département n'a qu'un caractère transitoire et que la plupart d'entre eux quitteront le pays dans un temps plus ou moins rapproché, au fur et à mesure que de nouveaux chantiers s'ouvriront dans d'autres parties de la France... » (1) L'événement donna raison à M. Claude et à M. Gauckler contre le ministre. L'affluence des émigrants à Épinal n'eut pas un « caractère transitoire ». Par l'apport de chefs, d'ouvriers, de capitaux alsaciens, Épinal est devenu une grande ville industrielle, dont la population a presque triplé depuis la guerre, et qui s'est étendue chaque jour davantage, d'usine en usine, par les Grands-Sables et le Champ-du-Pin, d'un côté, par Golbey de l'autre. Comme Belfort, Épinal est une bouture d'origine mulhousienne (2) dans le sol resté français.

Un jour même, à côté d'Épinal, par la volonté de quelques Alsaciens, une ville nouvelle s'est fondée. Je ne reviendrai pas, l'ayant décrit à propos de Mulhouse, sur le mécanisme de l'industrie cotonnière : je rappelle seulement ici que la frontière du traité de Francfort ne permettait plus au tissage français de recourir comme autrefois aux industries « finisseuses » d'Alsace. Il ne

---

(1) 23-25 février 1873 *(ibid.)*
(2) Il faut entendre par là Mulhouse et sa région, Cernay, Malmerspach, etc.

pouvait plus venir à elles. Elles vinrent à lui. Quelques industriels haut-rhinois et vosgiens s'unirent, décidèrent la création d'un établissement de blanchisserie et de teinturerie sur le versant français des Vosges. Sans doute, c'étaient des industriels, et qui tentaient, là comme ailleurs le long de la nouvelle frontière, de réparer le mal que causait à leurs intérêts la contraction soudaine du marché, la rupture totale ou partielle avec leurs anciennes relations; mais, chez ceux-là comme chez les autres, quoiqu'on ne pût le faire entrer en ligne de compte dans un projet ni dans un devis, l' « impondérable » pesait sur toutes les décisions à prendre, un invisible toujours présent les dominait : quitter l'Alsace pour fonder un établissement en France, ce n'était pas seulement essayer de rejoindre la clientèle, c'était aussi recouvrer la nationalité. Non sans des sacrifices et des risques qui furent parfois considérables : Paris, grand client de l'Alsace pour le blanchiment, avait, par exemple, dès le lendemain de la paix, pris la route des établissements similaires de Normandie, et devait être, pour les Vosgiens nouveaux, assez difficile à ressaisir... Ainsi naquit, en 1872, — qu'on me permette cette formule, — ainsi naquit Thaon, de Wesserling et de Rothau. Rothau fournit le personnel de la direction, Wesserling les éléments du blanchiment, procédés de travail et ouvriers; Rothau, ceux de la teinturerie. Dès les premiers jours, la petite commune agricole pressentit qu'elle allait grandir et se transformer. Elle prit ses dispositions pour accueillir dignement l'avenir qui s'offrait. Elle demanda « l'autorisation d'établir un marché par semaine, les nouveaux habitants n'ayant ni culture ni récolte », elle décida de créer des rues pour « relier la cité ouvrière à la commune de Thaon », d'agrandir le cimetière, de « tripler les émoluments du personnel enseignant », de « payer un cantonnier communal »; elle dut pourvoir à « de nouvelles écoles des deux sexes et des deux religions » ainsi qu' « au logement d'une brigade de gendarmerie »; tant et si bien que, malgré la vente des affouages au profit de la caisse municipale, malgré la location par adjudication publique de l'emplacement de la fête, « qui va devenir importante par suite de l'immigration alsacienne », la commune de Thaon se trouva endettée de plus de 20.000 francs au 1er janvier 1873.

Mais elle n'eut pas à regretter ses sacrifices. Aujourd'hui, Thaon-les-Vosges, en pleine prospérité, compte 7.000 habitants, et livre au commerce pour 17 millions de francs de produits par an. (1) Seules, quelques maisons de paysans rappellent encore le village agricole d'autrefois; la ville s'étend bien au-delà de l'ancien Thaon; telles ces portes monumentales que le développement des grandes villes recule peu à peu sur des voies centrales après qu'elles en ont jadis marqué les limites, tel, plus modeste, mais non moins significatif, l'écriteau traditionnel, interdisant la mendicité dès l'entrée du village, avoue discrètement sa déchéance sur le mur de l'ex-dernière maison, qui n'est plus du tout la dernière. Thaon-les-Vosges est un curieux microcosme où la sagacité de l'ethnologue et du sociologue s'exercerait avec fruit : trois populations y

(1) Cf. L. Laffitte. *Rapport...* cité, page 512.

vivent en bonne harmonie, sans avoir encore perdu les caractères particuliers qu'elles tiennent de leurs origines toutes proches, une diversité qui apparaît jusque dans leurs habitudes d'existence et de travail, dans leur manière de comprendre et de pratiquer l'économie. Les Boulay, les Jacobé, les Christophe, les Thiriet, les Husson, les Grandjacquot, les Daviller, sont du vieux fonds vosgien, mais les Welker, les Dreyer, les Haller, les Christen, les Schwebel, viennent de la vallée de Wesserling, de Fellering, d'Oderen, de Husseren, de Saint-Amarin, et tout ce qui est (1) Lederlin, Dieterlen, Diehl, Leypold, Banzet, Christmann, Malaisé, Schromm, Claude, Hollweck, tous ceux-là sont de Rothau. Les gens de Wesserling sont catholiques comme les Vosgiens qu'ils étaient venus rejoindre ; dès l'arrivée des premiers immigrants, on agrandit l'église, mais insuffisamment : aujourd'hui, il faut dire six messes, et, à chacune d'elles, l'église est trop petite. Les gens de Rothau, eux, sont protestants, sauf de très rares exceptions, et leur arrivée ne manqua pas de causer quelque surprise aux autochthones, qui n'imaginaient pas qu'un protestant pût être fait comme un catholique. Ils n'avaient pas encore de temple alors, et se réunissaient chez un des patrons, dans sa salle à manger, ou dans une dépendance, le magasin de fécules, sommairement transformé en oratoire ; là, quelques chefs de familles, « pasteurs laïques », comme on disait de l'un d'entre eux (2), avaient chacun son

(1) On était, car deux ou trois de ces familles n'existent plus, à Thaon du moins.
(2) Christophe Dieterlen.

dimanche de *méditation*. Le souvenir du pasteur Oberlin, le célèbre éducateur du Ban-de-la Roche (1), a continué de vivre parmi eux; les moins instruits mêmes ne l'ignorent point; on trouve dans plusieurs familles les souvenirs traditionnels du « papa Oberlin », des médaillons, des silhouettes, des « bons points », qu'elles ont transportés ici avec leurs pénates. D'ailleurs, catholiques ou protestants, patoisants à la manière de Wesserling, ou tout à fait français de langue, de cette belle langue pure qu'on parlait et qu'on parle toujours à Rothau, presque tous sont restés en relations étroites avec leurs frères, leurs oncles, leurs cousins « annexés » : quand on a deux ou trois jours de liberté, on va les voir de l'autre côté des Vosges (surtout à Rothau, car les communications sont plus faciles avec Rothau qu'avec Wesserling), ou bien on les reçoit à Thaon, on leur fait les honneurs d'Épinal. Quelques arrivées, de temps en temps encore, sept, huit, dix par an, s'ajoutent à l'ancien apport alsacien, — lointain remous de la tempête...

Une ville nouvelle née de l'exode : n'est-ce point le symbole de la résurrection? Des villes renouvelées, vivifiées, enrichies, pour s'être libéralement ouvertes à des populations industrieuses fuyant devant la contrainte imposée à leur conscience : ce spectacle n'apparait-il point, tout d'abord, comme un singulier retour des choses, l'heureux effet de quelque « révocation de

(1) Jean-Frédéric Oberlin, né à Strasbourg en 1740, pasteur à Waldersbach, près de Rothau, pendant cinquante-neuf ans.

l'Édit de Nantes » à rebours? On voudrait croire à la réalité complète de ces images réconfortantes. Mais je ne puis. Que la statistique cotonnière du *Rayon des Vosges* indique quatre fois plus de broches et trois fois plus de métiers aujourd'hui qu'à l'époque de la guerre, ce n'est là, malgré tout, que la floraison magnifique d'un champ rétréci. Que Sarreguemines ait essaimé jusqu'à Digoin et Rixheim jusque dans le Doubs, qu'on retrouve Ars-sur-Moselle à Pompey, Forbach à Pont-à-Mousson, Niederbronn à Lunéville, Sarre-Union à Lunéville aussi et à Nancy (1), que la vie actuelle de Saint-Dié, de Remiremont, de Sedan, soit faite, en grande partie, de l'émigration alsacienne, qu'on rencontre des tuiliers d'Altkirch en Champagne et des verriers de Lemberg à Saint-Denis, tout ce mouvement, de quelques dévouements qu'il témoigne, de quelques louanges qu'on le décore, c'est une marche en arrière qu'on ne saurait sonner en fanfare, et si Nancy mérite de s'appeler la capitale de l'Est, c'est parce que l'Est ne va pas plus loin. Pour s'abandonner à l'illusion d'une France refaite, il faudrait n'avoir pas entendu ce mot qui me fut tant de fois répété le long de l'ancienne ou de la nouvelle frontière : « la douane s'est *repliée* », « les forestiers se sont *repliés* »... Avec eux, c'est la France qui s'est repliée, et ce mot, malgré quarante ans écoulés, il n'est pas possible à un Français de l'entendre, de le prononcer, de l'écrire, sans un sursaut violent d'émotion et de regret. Ne point penser d'une pensée constante à la

(1) Cf. L. Laffitte, *Rapport...* cité, *passim*.

diminution subie, ce serait y acquiescer du cœur, se replier encore davantage. Même l'élan généreux de l'exode et tout ce qui d'Alsace et de Lorraine continue de vivre dans la vie française, même l'admirable confiance que les Alsaciens restés en Alsace ont toujours faite à la France jusque dans ses pires agitations, même les espoirs obstinés dont j'ai reçu parfois la touchante confidence, rien de tout cela ne saurait faire oublier le repliement; mais, si tant de fidélités n'effacent ni ne réparent, du moins rendent-elles plus cher encore le souvenir de cette terre et de ces hommes, plus amère la douleur de les avoir perdus.

1914.

ANNEXES

I

L'auteur, très modéré, des *Lettres d'Alsace* (1) qui parurent dans l'*Augsburger Allgemeine Zeitung*, a rappelé en ces termes, peu de temps après l'événement (1874-75), l'impression produite en Alsace par l'obligation immédiate du service militaire, et quelles furent les conséquences de cette mesure au point de vue de l'émigration :

« ... Lorsque la première nouvelle du projet du gouvernement se répandit en Alsace, tout le monde se mit en mouvement pour obtenir une atténuation aux mesures annoncées. On adressa au chancelier une pétition signée par les femmes, pour laquelle on recueillit plusieurs milliers de signatures. Une délégation de dames strasbourgeoises devait se rendre à Berlin, demander une audience au prince de Bismarck, le supplier de ne pas appeler tout de suite sous les drapeaux allemands les jeunes gens dont les frères aînés avaient servi et servaient encore pour la plupart sous les drapeaux français, de laisser passer quelques années après lesquelles les souvenirs de la dernière guerre seraient moins forts... Quand le prince de Bismarck eut déclaré qu'il ne pouvait revenir sur la mesure en question, toute l'Alsace se sentit douloureusement atteinte. Non-seulement les femmes, mais les pères, et surtout les jeunes gens en âge de servir, furent consternés en présence d'une loi qui pouvait les faire marcher demain contre leurs propres

(1) Voir plus haut, page 20, et à l'*Index* : *Aus dem Elsass.*

frères. Il faut savoir combien étaient étroits, dans les dernières années particulièrement, les rapports militaires qui unissaient l'Alsace à la France; il n'y avait pas une famille chez nous qui ne comptât dans l'armée française au moins un de ses membres. Dans la grosse cavalerie et dans la gendarmerie, les Alsaciens formaient la grande majorité, si bien que notre pays était, plus que toute autre province, représenté dans l'armée française. Aussi l'incorporation précipitée de nos recrues dans l'armée allemande produisit-elle naturellement une impression profonde, et qui se propagea jusque dans les plus petits villages. Lorsqu'aujourd'hui encore on se plaint, comme le font fréquemment les journaux allemands, de l'esprit de beaucoup d'Alsaciens et surtout de l'attitude des femmes alsaciennes, il faut remonter à la source première de ces sentiments. Si la guerre avait tourné autrement et que la France eût essayé d'incorporer immédiatement dans son armée les jeunes gens du Palatinat, par exemple, dont les frères avaient combattu contre elle, je suis convaincu que cette mesure aurait frappé aussi douloureusement la population du Palatinat et qu'elle y eût provoqué la même émotion. C'est là, c'est dans l'incorporation immédiate des recrues alsaciennes qu'il faut chercher la première cause et la plus importante, des options, d'abord, puis des émigrations... » (1)

On citera encore ici, parmi tant d'autres documents contemporains, deux lettres particulièrement propres à éclairer cette situation, qui parurent, à quelques jours d'intervalle, en novembre-décembre 1871.

L'une, publiée par l'*Industriel Alsacien* (2), avait pour auteur Ch. Dollfus. En voici les principaux passages :

« ... A l'égard des Alsaciens, la politique d'atténuation devrait, à mon avis, se résumer en deux points : 1° Autonomie administrative de l'Alsace; 2° Service militaire

(1) Pages 59-62.
(2) Reproduite dans le *Temps* du 24 novembre 1871.

facultatif pour tous ceux qui sont nés antérieurement à l'annexion.

« Cette exemption équivaudrait à remplacer en Alsace pendant dix-huit années environ (1) le service obligatoire par le service facultatif. C'est, dira-t-on, en demandant trop, se condamner à ne rien obtenir... Quel préjudice apporterait cependant à l'Allemagne ce délai qui mettrait la présente génération à couvert et dispenserait du service ceux dont la conscience ne le pourrait tolérer? Ce préjudice, je ne l'aperçois point, alors que j'aperçois clairement celui qui résulterait pour l'Alsace, pour l'Allemagne elle-même, pour la France et pour l'Europe entière, de l'application immédiate du service militaire à la province conquise. Mais les choses vues de Strasbourg, de Colmar ou de Mulhouse, et les choses vues de Berlin n'ont pas même aspect. A Berlin, le service militaire universel est un article de foi, et l'on y pense aussi, probablement, qu'il constituerait, à l'encontre de l'Alsace, une école de germanisation. On pourrait se tromper à Berlin. L'exemple des Francfortois et des Hanovriens qu'on invoque volontiers est ici sans portée, car il ne tient nul compte de cette différence énorme que les Hanovriens et les Francfortois étaient des Allemands avant Sadowa, tandis que les Alsaciens, avant comme après Sedan, étaient des Français et de chaleureux Français... Qu'on y prenne garde!... cette politique irait à contre-fin : elle engagerait ceux qui l'inaugureraient dans une voie de rigueurs croissantes et les condamnerait à n'en plus sortir...

« Les Allemands ont fait autrefois beaucoup de psychologie, la Prusse a donné naissance à Kant : s'en souvient-elle encore? Hier, la patrie allemande rendait à Schiller des honneurs unanimes : et l'Allemagne commettrait froidement, après mûr examen, les yeux ouverts, une si flagrante violation de ce qu'il y a de plus moral, de plus noble, de plus respectable chez les Alsaciens? car les Alsaciens, s'ils sont dignes d'estime pour ne pas vouloir aban-

(1) Le délai partant de la date du traité. *(Note de l'auteur de la lettre)*

donner l'Alsace, seraient méprisables, en subissant leur sort, de ne pas ressentir, au lendemain de la défaite, la douleur de la conquête. Les Allemands eux-mêmes les mépriseraient, s'ils changeaient de patrie comme on change d'habit, et les Allemands feraient bien. Ils ne doivent pas vouloir d'une Alsace avilie. Aussi, j'espère encore que le Reichstag, quand le moment sera venu de décider cette question capitale, ne se souviendra pas seulement de Kant, l'apôtre de la conscience, de Schiller, le poète de la liberté, mais de Gœthe, le plus humain des Allemands, qui écrivit ces vers immortels, imprescriptibles dans leur vérité :

... Gefühl ist alles,
Name ist Schall und Rauch,
Umnebelnd Himmelsgluth.

« Durant la guerre, la passion domine les âmes et comme dans un torrent de feu et de sang emporte les meilleures au-delà de la sagesse et de l'équité. Mais la guerre a cédé depuis près d'un an le pas à la politique, la passion a fait place à la délibération. Malheureusement, les assemblées comme les armées obéissent à des courants souvent funestes, et ce que beaucoup accorderaient individuellement à la justice et à la raison, on peut craindre qu'ils ne le leur refusent collectivement... »

L'autre lettre, signée X..., fut publiée par le *Journal de Genève* (1) :

« Le *Journal de Genève* a mis ses lecteurs au courant de l'agitation qu'a provoquée en Alsace la perspective d'une prochaine application du service militaire. Vos correspondants vous ont également fait connaître les démarches tentées pour obtenir du gouvernement sur ce point des concessions réclamées par la conscience publique, autant que par les exigences d'une situation exceptionnelle, dont les Alsaciens ont à porter le poids sans qu'ils en aient en nulle manière encouru la responsabilité.

(1) Reproduite dans le *Temps* du 22 décembre 1871.

« Mais il paraîtrait qu'on se retranche à Berlin, pour ne rien concéder, derrière l'article 57 de la Constitution, qui dit que tout Allemand doit le service militaire et ne peut se faire remplacer dans l'accomplissement de ce devoir. Or, dit-on, les Alsaciens qui n'auront pas, en octobre, opté pour la France et transféré hors de l'Alsace leur domicile légal, seront devenus des Allemands; on ne saurait donc, sans détruire la Constitution allemande, les dispenser du service.

« Berlin a trouvé son *non possumus*. On reconnaît que les sentiments qui s'élèvent partout en Alsace contre l'immédiate application de la loi sont des plus respectables, mais on regrette, on déplore peut-être de ne pouvoir les respecter. La Constitution s'y oppose : *non possumus!* La Constitution n'est pas affaire de sentiment, et si elle manque de cœur en cette circonstance, les Allemands n'y peuvent rien en vérité... Je ne sache pas cependant qu'on renverse une Constitution parce qu'on en suspend les effets temporairement, en vue d'une exception imprévue. Je ne trouve, en effet, dans la Constitution de l'empire, aucun article prévoyant le cas où des Français seraient convertis en Allemands malgré eux... D'ailleurs, le législateur qui fait la loi est toujours libre de la modifier en tout ou en partie, pour un temps ou pour toujours, dans les limites jugées nécessaires par lui. L'exception confirme la règle, et l'exception de fait motive en équité et en raison l'exception de droit.

« Qui niera que l'Alsace n'ait été jetée brusquement dans l'exception? L'instruction primaire obligatoire et le service militaire obligatoire sont les deux colonnes de granit de la patrie allemande. Mais les Alsaciens songent-ils à les ébranler? Par l'enseignement primaire, on se saisit des générations à venir; ne peut-on laisser la génération présente, si douloureusement atteinte, en repos sur le service militaire et ne pas lui imposer, toute meurtrie encore, le casque de ses vainqueurs? Elle ne demande pas qu'à son intention le principe général soit aboli, elle demande que, le principe maintenu, l'on en diffère la mise en vigueur quant à elle, durant une période de temps suffisante pour qu'elle échappe à cette servitude horrible, à ce mépris d'elle-même qu'on voudrait lui infliger...

« Si l'on juge qu'après avoir mis l'Alsace dans l'état où elle se trouve, après avoir porté de fond en comble le trouble dans les consciences, dans les cœurs, dans les familles et dans les propriétés, il suffise de dire aux Alsaciens : « Si vous ne pouvez supporter le service militaire allemand, allez-vous-en ! nous ne vous retenons pas », on se trompe. Cela n'est pas aussi simple, on le sait bien... Il est impossible que leurs yeux maintenant ne soient pas ouverts sur les conséquences infaillibles d'une faute qui ne serait que le prélude de beaucoup d'autres. Qu'arrivera-t-il, lorsque, tout espoir s'étant dissipé, les familles se trouveront à la veille du recrutement? Ceux qui pourront émigrer quitteront la terre natale, et sans l'emporter *à la semelle de leurs souliers,* ils emporteront de l'autre côté de la frontière, en France, le ressentiment légitime qu'une telle violence morale, qu'un tel mépris de ce qu'ils ont en eux de meilleur et de plus intime aura nécessairement engendré... Les plus modérés en viendront là, les plus justes, et non par leur faute; ils partiront avec la haine au cœur. Leur malédiction émigrera avec eux. Pense-t-on que ces exilés auxquels on aura réussi à enseigner la haine, porteront avec eux l'apaisement dans la France déjà surexcitée?... Ils seront de l'huile sur le feu...

« ... Au fond, quelle prétention élèvent les Alsaciens? Ils demandent à être militairement neutralisés, au moins pendant un délai susceptible d'écarter des rangs de l'armée allemande et de garantir du risque horrible de servir contre d'anciens compatriotes ceux qui ont vu s'accomplir la conquête sous leurs yeux. La complète neutralisation de l'Alsace, dont l'an dernier le *Journal de Genève* s'était fait l'organe, eût été la meilleure solution; malheureusement elle n'a pu prévaloir dans le déchaînement des passions : elle avait contre elle, en décembre dernier, d'être trop sensée. Eh bien, ne pourrait-on pas la ressaisir en partie et déclarer que l'Alsace, si ce n'est pas quant à son territoire et à sa constitution politique, sera reconnue neutre au moins dans la personne de ses habitants?... Et si cette neutralité des habitants pouvait s'étendre plus tard, d'un commun accord entre la France et l'Allemagne, jusqu'à la Forêt-Noire, formant une zone de paix et de réconciliation entre les deux peuples unis et non plus séparés par la province limitrophe! Mais ne rêvons pas et restons dans le présent.

« S'il est vrai, comme on le prétend, que le service facultatif admis transitoirement en Alsace, sauf à demander un impôt général de rachat à la province, soit une hérésie constitutionnelle dont les dogmatiques de la loi ne sauraient envisager l'idée sans horreur, qu'on accorde au moins un sursis (1) à la nécessité, qui a ses lois aussi, à la conscience des Alsaciens, qui a les siennes. On n'accomplit pas une évolution nationale comme une évolution militaire au commandement de par file à gauche ou par file à droite. Les sentiments, les habitudes ne pirouettent pas ainsi sur leurs talons; quant aux consciences faites à ces manœuvres, j'estime qu'il n'en existe pas beaucoup en Alsace. Celles d'Allemagne devraient le comprendre... »

(1) Le délai serait, selon nous, insuffisant, s'il était inférieur à douze années partant d'octobre 1872. *(Note de l'auteur de la lettre)*

II

«... Quels que puissent être les résultats de l'option, dit la *Provincial Correspondenz*, (1) les desseins et les espérances de l'Allemagne atteindront leur but. Si la nation allemande, comme prix de ses sacrifices et de ses combats, a fait de la rétrocession des pays arrachés autrefois à l'Empire une condition absolue de la paix, il n'était pas dans sa pensée d'augmenter sa puissance par une extension de son territoire et un accroissement de sa population. Son désir était plutôt de faire expier par la restitution de l'Alsace-Lorraine la coupable spoliation française, aussi bien que de réparer la faute qu'elle-même avait commise en se laissant arracher ces provinces, et son exigence était dictée surtout par le besoin d'acquérir, avec la possession des anciens pays-frontières de l'Allemagne, un puissant boulevard contre l'incorrigible passion guerroyante des Français. « Un État uni et des frontières sûres », tel était le cri unanime qui se fit entendre dans toutes les classes du peuple allemand lorsque la marche victorieuse des hostilités autorisa l'espérance que l'Allemagne serait en position de dicter les conditions de la paix.

« La nation peut se dire avec une pleine satisfaction que les garanties pour une défense efficace de la patrie sont acquises et ne peuvent être mises en question par les résultats de l'option. L'Allemagne est en possession de ses

---

(1) Citée par le *Journal des Débats*, n° du 8 octobre 1872. Voir plus haut, page 23.

anciens pays-frontières et de ses puissantes forteresses ; la force et le dévouement de la nation, l'excellence éprouvée de nos institutions militaires et de notre administration de la guerre, la sagesse et la fermeté du gouvernement de l'empire nous garantissent sûrement que nous pourrions tenir tête avec avantage à toute agression nouvelle de l'ennemi.

« Avec le 1er octobre, la situation intérieure de l'Alsace-Lorraine a cessé d'être obscure et trouble; toute incertitude sur la compétence des lois allemandes et l'étendue de leur ressort, comme sur la durée et la solidité de la souveraineté allemande, doit disparaître aujourd'hui. Le nouveau pays de l'empire, qu'en droit international le traité de paix a rendu à l'Allemagne, devient désormais, par le départ de ceux des habitants qui optent pour la France, un pays *allemand* dans toute la signification du mot. Ce que la province-frontière peut perdre pour le moment en population et en ressources économiques sera compensé amplement pour elle par son intime union avec l'Allemagne. La sympathie de la nation et la sollicitude des autorités rivaliseront de zèle pour faire en sorte que l'assimilation de l'Alsace-Lorraine, moralement aussi, s'opère de plus en plus et que la population acquière bientôt avec orgueil et satisfaction la conscience d'être rentrée dans une pleine communauté d'existence avec l'empire allemand. »

III

Le traité de Francfort était formel, et l'on ne pouvait pas contester que l'État annexant eût le droit d'exiger des optants un transfert réel de leur domicile en France. (1) Mais, depuis la signature du traité, l'Allemagne en avait encore aggravé les conditions. Ainsi, elle astreignait à ce changement de domicile, non-seulement les Alsaciens et les Lorrains domiciliés en Alsace-Lorraine, mais encore les habitants du pays qui n'en étaient pas originaires : interprétation unilatérale, qui ne fut jamais adoptée par la France, mais qui, appliquée par l'Allemagne (dépêche d'Arnim à Rémusat, 1er septembre 1872), augmenta encore le nombre de ceux qui durent émigrer s'ils voulaient rester Français. Même effet d'une cause analogue : pendant les premiers mois qui suivirent le traité, les mineurs, émancipés ou non, furent considérés, d'un commun accord, comme ayant la faculté d'option (sous réserve du concours de leurs représentants légaux pour la déclaration d'option); puis, tout à coup, au mois de mars 1872, une circulaire allemande décida que les mineurs non émancipés ne pouvaient ni par eux-mêmes ni par l'intermédiaire de leurs représentants légaux, opter pour la nationalité française, si ces représentants n'optaient pas, eux aussi : d'où nouvelles entraves à l'option, ou nouvelles obligations de départ. D'autre part, on a vu plus haut quelle émotion

---

(1) Cf. G. May, *op. cit.*, pages 143 et suivantes. — Voir plus haut, page 24.

soulevèrent dans le pays les prescriptions relatives à l'incorporation immédiate des recrues alsaciennes et lorraines. Ces diverses circonstances rendaient l'opinion (on ne parlera ici que de l'opinion hors de France) particulièrement impressionnable aux nouvelles de l'émigration.

La *Tages Presse* de Vienne « fait un tableau navrant de la désolation des deux provinces. La feuille autrichienne signale la contradiction qui règne entre le bannissement en masse d'une population et les principes humanitaires professés par les écrivains allemands sur la guerre et ses conséquences. « L'amour de l'Allemagne pour ces frères retrouvés est, dit-elle, si étroit, qu'à force de les vouloir presser sur son cœur, elle les étouffe. » (1) — « L'*Elberfelder Zeitung* s'accorde avec la *Tages Presse* pour dépeindre sous les couleurs les plus sombres l'état des départements arrachés à la France. Une chose frappe surtout la gazette prussienne. Elle « craint qu'à la première levée militaire il ne se présente peut-être pas un seul conscrit, tous les jeunes gens ayant disparu, même ceux dont l'option s'est accomplie irrégulièrement et qui préfèrent cependant une situation illégale au service allemand ». (2) — Le *Times* : « La journée d'hier [30 septembre 1872] a été une journée de deuil pour l'Alsace-Lorraine. En vertu d'une clause du traité de Francfort, il a été statué que tous les habitants nés dans ces deux provinces qui n'auraient pas transféré hier à minuit leur domicile en France ou ailleurs seraient considérés et traités comme des sujets allemands. La conséquence de cette stipulation a été une émigration de ces infortunées provinces qui équivaut, dans certains districts, à la dépopulation. Des témoins oculaires nous parlent de centaines et de milliers de personnes, de tout rang et de tout âge, qui, depuis plusieurs semaines, et particulièrement les dimanches, encombrent les stations de chemins de fer, du Rhin et de la Sarre à la nouvelle frontière... Nous ne savons pas où nous pourrions trouver un exemple d'une calamité aussi étendue et d'un aussi puissant attachement à la patrie...

---

(1) *Journal des Débats*, n° du 3 octobre 1872.
(2) *Id., ibid.*

« Il n'y a qu'un petit nombre de nos jeunes émigrants des voitures de 3ᵉ classe, nous écrit-on, qui connaissent parfaitement la langue française », et cependant l'intensité de leur amour pour la France et de leur haine pour leurs nouveaux maîtres, qui sont du même sang et qui parlent la même langue, semble presque en proportion de leur ignorance. Mais il ne faut pas oublier que leurs maîtres allemands étaient leurs ennemis d'hier, et que leurs anciens maîtres français ont été, dans leur opinion, leurs bienfaiteurs depuis deux siècles. » (1) — Le *Morning Post :* « Accordons même que la conquête de l'Alsace-Lorraine, quoique absolument en contradiction avec toutes les assurances pacifiques d'une politique purement défensive, avec lesquelles on a endormi les appréhensions de l'Europe au commencement de la guerre franco-prussienne, accordons que cette conquête doive être concédée comme un de ces faits accomplis que le génie pratique de notre époque tend à respecter, est-il nécessaire qu'un acte peu délicat soit continué par les moyens les moins délicats possibles ? La Prusse tient l'Alsace et la Lorraine. Le fait n'est malheureusement que trop certain. Il peut se lire dans l'inquiétude de l'Europe. Mais est-il absolument nécessaire que la Prusse cherche à rendre son pouvoir dans les provinces annexées aussi désagréable, aussi intolérable qu'une domination étrangère puisse l'être ? Comme nous l'avons dit, nous ne parlons pas aujourd'hui de renoncer à l'Alsace et à la Lorraine. Nous demandons seulement quelle raison au monde, hors l'exercice de la force, il peut y avoir dans les mesures qu'on va adopter à l'égard des Alsaciens ? ... Il n'y a pour ce malheureux peuple pas le plus petit biais pour échapper. Alors même que les parents trop pauvres et trop dépourvus d'amis pour pouvoir abandonner leurs foyers, voudraient néanmoins conserver à leurs enfants la nationalité française, le gouvernement prussien refuse rigoureusement d'accepter l'option de ces enfants, quoique validée par l'autorité de leurs tuteurs naturels, à moins que la famille

(1) *Journal des Débats*, nᵒ du 2 octobre 1872.

entière ne parte pour l'exil. » (1) — Le *Freeman*, de Dublin : « On prétend que les Français ne sont point colonisateurs. Ce qui est certain, c'est que les populations qui ont vécu de longues années sous la loi française conservent des attaches qu'aucune force humaine ne peut rompre. Avec le temps, les Allemands effaceront-ils ces impressions sympathiques au cœur des Alsaciens et des Lorrains? Nous ne nous chargerons point de répondre à cette question. Lorrains et Alsaciens unissent à la fermeté du caractère germanique l'ardeur et la sensibilité du Français. Jamais ils n'accepteront volontairement, il nous semble, le despotisme militaire du vainqueur. Quoi qu'il arrive, le spectacle d'une émigration presque en masse est attristant. Que les amis de la Prusse et quelques organes de la presse anglaise essaient de jeter le blâme sur les fugitifs, les malheureux exilés sont l'objet de l'admiration des honnêtes gens; ils viennent de donner au monde un exemple de fidélité, et un noble enseignement à l'humanité tout entière. » (2)

On pourrait allonger la liste de ces citations et recueillir ici beaucoup d'autres témoignages de l'émotion générale, particulièrement en ce qui concerne « la torture de la conscription », le mot est d'un autre journal anglais, le *Spectator*. « La conscience de l'Europe semble se réveiller pour un jour », dit le rédacteur des *Débats*, qui rapporte quelques-unes de ces opinions étrangères. (3)

(1) *Journal des Débats*, n° du 30 septembre 1872.
(2) *Journal des Débats*, n° du 5 octobre 1872.
(3) Article signé HENRY ARON, *id.*, *ibid.*

IV

La frontière établie par le traité de Francfort était une frontière (1) économique en même temps que politique. Non point qu'il en fût nécessairement ainsi. Mais la guerre avait mis fin au traité de commerce conclu en 1862 entre la France et la Prusse agissant au nom de l'Union douanière allemande *(Zollverein)*, et ce traité ne fut pas rétabli à la paix. La politique financière de Thiers, lequel, d'ailleurs, avait toujours été protectionniste, consistait à « chercher dans les relèvements de tarifs les ressources budgétaires dont la France allait avoir besoin pour faire face à ses obligations subitement accrues » (2). En outre, si la frontière politique n'avait pas été en même temps une frontière économique, ç'eût été, aux yeux de beaucoup d'hommes politiques français du moment (3), venir au secours de l'industrie allemande menacée par la concurrence de l'Alsace, puisqu'en conservant aux produits alsaciens leurs débouchés, on aurait évité qu'ils n'en cherchassent de nouveaux du côté de l'Allemagne, au détriment des producteurs allemands. Tant et si bien que la prorogation jusqu'au 31 décembre 1871 de la franchise complète de droits convenue d'abord jusqu'au 31 août (Arrangement du 9 avril 1871 entre Pouyer-Quertier, ministre des finances, et trois délégués de l'industrie alsacienne, Aug. Dollfus, Spœrry,

---

(1) Voir plus haut, page 25, page 30, pages 91 et suivantes.
(2) G. May, *op. cit.*, page 239.
(3) Voir plus haut, pages 65 et 66, et G. May, pages 173 et 249.

Marin, — puis, article 9 du Traité de paix) ne fut concédée par M. Thiers qu'en échange d'avantages auxquels il attachait avec raison une grande importance : évacuation anticipée de six départements (Aisne, Aube, Côte-d'Or, Haute-Saône, Doubs et Jura) sur les douze qui étaient encore occupés, et réduction du corps d'occupation à 50.000 hommes. Le protocole de signature des deux Conventions additionnelles signées à cet effet, le 12 octobre 1871, à Berlin (1° Convention pour l'évacuation de six départements et le payement à l'Allemagne du quatrième demi-milliard de l'indemnité de guerre; — 2° Convention douanière et territoriale) spécifia même, dans son article 1er, « que les deux Conventions ne forment qu'un seul et unique traité » et que les stipulations de la première « ne pourront être mises à exécution si, contre toute attente, la ratification de l'autre devait faire défaut de la part de la France ». (1) M. Thiers a rendu compte lui-même de ces diverses négociations et de leur dépendance réciproque dans son message du 7 décembre 1871 à l'Assemblée Nationale (dont il est question également, à propos de faits d'un autre ordre, page 149 du présent livre).

(1) VILLEFORT, *op. cit.*, tome I, page 88.

V

Pour consacrer aux yeux de tous cette union de l'Algérie et de l'Alsace (1), on songea à offrir un siège de député d'Alger à l'un des députés alsaciens. Il convient de rappeler ici les diverses circonstances qui suggérèrent ce projet, et comment il faillit se réaliser.

Le 1er mars 1871, M. Jules Grosjean, député du Haut-Rhin, avait lu à la tribune de l'Assemblée Nationale, à Bordeaux, la célèbre déclaration des représentants de l'Alsace et de la Lorraine « affirmant de la manière la plus formelle, au nom de ces deux provinces, leur volonté et leur droit de rester françaises ». Or, une autre phrase de cette même déclaration : « Au moment de quitter cette enceinte, où notre dignité ne nous permet plus de siéger... », équivalait à une démission collective des députés alsaciens et lorrains. Il est vrai qu'à la suite de cette lecture, un membre de l'Assemblée, M. de Tréveneuc, s'écria : « Pourquoi les représentants de l'Alsace ne resteraient-ils pas parmi nous? »; — qu'Henri Martin, à la séance du 3, demanda à l'Assemblée « de constater qu'ils sont toujours les députés de la France entière, attendu que les représentants élus par telle ou telle partie de la France, ne représentent pas seulement le groupe de citoyens français qui les a choisis, mais représentent dans sa totalité la nation française »; — que Victor Hugo rédigea le projet d'une « Déclaration » par laquelle ses collègues « continueraient leur mandat » aux députés alsaciens et lorrains, continuation qui est à la fois « de droit » et de

(1) Voir page 144.

« devoir » (1); — qu'à la séance du 11 mars, le colonel Denfert-Rochereau, député du Haut-Rhin, et M. George, député des Vosges, ayant adressé à l'Assemblée des lettres officielles de démission, le président Grévy, reprenant la théorie d'Henri Martin, fit observer que « le sentiment qui avait déterminé » ces deux représentants, « tout honorable qu'il fût, ne devait pas leur faire perdre de vue », à eux ni à leurs collègues alsaciens et lorrains, « que malgré les changements qu'ont pu subir dans leur état les populations qui les ont élus, ils sont et doivent rester les représentants du peuple français », et qu'il les invita « à ne pas persévérer dans leur retraite et dans leur démission »; — que M. George, qui était présent à la séance, retira immédiatement sa démission aux applaudissements de toute l'Assemblée, et que le président constata solennellement cette unanimité; — qu'enfin, dans les jours qui suivirent, plusieurs autres représentants de l'Alsace et de la Lorraine, MM. Varroy et Brice, de la Meurthe; Claude, des Vosges; Bamberger, André et Deschange, de la Moselle, rentrèrent à l'Assemblée, « pour y défendre la République menacée ». — Mais, malgré ces manifestations, la députation était, en réalité, dissoute, et, soit tout de suite, soit quelques jours plus tard (2), tous les représentants des départements cédés continuèrent à se considérer comme démissionnaires (3).

(1) « ... En ce moment, et sans que le traité puisse l'empêcher, l'Alsace et la Lorraine sont représentées dans l'Assemblée Nationale de France. Il dépend de l'Assemblée Nationale de continuer cette représentation. Cette continuation du mandat, nous devons la déclarer. Elle est de droit. Elle est de devoir... Puisque l'Alsace et la Lorraine ne peuvent désormais nommer d'autres représentants, ceux-ci doivent être maintenus... Si nous souffrons que nos honorables collègues alsaciens et lorrains se retirent, nous aggravons le traité... Il importe que dans l'exécution forcée du traité, rien de notre part ne ressemble à un consentement. Subir sans consentir est la dignité du vaincu... » (VICTOR HUGO, *Actes et Paroles*, tome III, *Depuis l'Exil*, pages 105 et suivantes)

(2) Cf. SCHEURER-KESTNER, *op. cit.*, pages 350-351.

(3) Mais avec une sorte de « voix consultative », si l'on en juge par les déclarations, l'une, collective (de quatorze noms), trois autres, individuelles, qu'ils envoyèrent à l'Assemblée Nationale en 1873 pour protester contre l'éventualité d'une restauration de la monarchie. (Cf. ED. TEUTSCH, *op. cit.*, page 21)

D'autre part, à ce moment même, les deux sièges de députés d'Alger devenaient vacants. En effet, Alger avait élu comme ses représentants à l'Assemblée Nationale Gambetta et Garibaldi. Or, Gambetta, élu par plusieurs départements, avait opté pour le Bas-Rhin et suivi le sort des députés alsaciens démissionnaires; quant à Garibaldi, il avait, dès le 13 février, « donné par lettre une démission générale de tous ses mandats de député » et son élection à Alger (1), « comme toutes les autres du général Garibaldi précédemment examinées », devait être annulée. Alger fut ainsi un des nombreux collèges électoraux convoqués à nouveau pour des élections complémentaires (cent dix-sept sièges étaient vacants, presque tous par suite de l'élection d'un certain nombre de députés dans plusieurs départements à la fois). C'est alors que quelques Algérois pensèrent à offrir un de leurs deux sièges vacants à un des députés d'Alsace : d'abord à M. Jules Grosjean, du Haut-Rhin, « un riche manufacturier de l'Alsace, dit le *Moniteur de l'Algérie* (n° du 11 mars 1871), à qui les affaires de l'Algérie ne sont pas inconnues, par suite d'un séjour de quelques années dans notre colonie », mais il semble que ce projet fut rapidement abandonné; — ensuite à M. Keller, également député du Haut-Rhin, qui accepta. « C'est un beau spectacle, écrivait l'*Akhbar, Journal de l'Algérie* (n° du 30 juin 1871), que l'Algérie donne au monde en tendant par-dessus la Méditerranée la main au grand citoyen que l'invasion victorieuse a chassé de son siège, pour lui dire : cœur resté vraiment français, rentrez dans le sanctuaire, reprenez-y la place que vous occupiez si dignement et défendez ceux qui n'ont pas souffert, en même temps que vous revendiquerez les droits de vos infortunés compatriotes. Mais ce que la commisération, dans le sens le plus élevé, conseillait, le bon sens politique l'ordonne d'une façon impérative en présence de la double décision prise par une partie des Alsaciens et des Lorrains de quitter le sol natal, préférant

---

(1) Rapport de M. Vente sur l'élection de Garibaldi à Alger, *Journal officiel* du 12 mars 1871.

l'exil à l'humiliation de vivre sur le sol étranger, et par l'Assemblée Nationale d'offrir à ces émigrants 100.000 hectares en Algérie. La Chambre, en acceptant la proposition Belcastel, a rempli un devoir, à nous de faire le nôtre »; ayant à élire nos représentants, si nous en prenons un parmi nous, choisissons pour l'autre « le plus aimé, le plus estimé d'entre les Alsaciens, celui auquel ils auraient donné leurs suffrages, si ces suffrages leur avaient été demandés... » M. Keller fit des déclarations dans le même sens : « ... C'est sur une terre française qu'ils [les Alsaciens et les Lorrains] doivent attendre l'heure de la justice et de la réparation. C'est à l'Algérie qui leur tend les bras, qu'ils doivent consacrer leur activité et leur énergie... Je m'occupe spécialement de diriger sur l'Algérie le courant d'immigration qui se porterait vers les États-Unis si l'on ne faisait rien pour l'attirer vers vous... Si l'Algérie choisit mon nom pour donner à l'Alsace un témoignage d'attachement et pour affermir notre unité nationale, je ne me croirai pas le droit de refuser ses suffrages. » (*L'Akhbar*, n°s des 2 et 4 juillet 1871)

Mais, par suite des modifications territoriales récentes, un siège de député avait été attribué au territoire de Belfort, qui seul restait français de l'ancien département du Haut-Rhin (1), et l'élection de ce député était fixée (2) au 2 juillet, comme l'ensemble des élections complémentaires à l'Assemblée Nationale pour les sièges de la métropole. M. Keller ayant été élu à Belfort, abandonna sa candidature à Alger, où le vote ne devait avoir lieu que le 9. Toutefois, nos avantages subsistent, écrit l'*Akhbar* du 7 : « L'Alsace et la Lorraine auront à la Chambre l'organe implacable de leur revendication; l'Algérie, un défenseur convaincu, comme nous le sommes nous-mêmes, que notre sol doit être l'asile des victimes de la guerre; la France, une notoriété de plus à la tribune. »

(1) Arrêté du 10 juin 1871.
(2) Par un second arrêté de la même date.

VI

Loi du 15 septembre 1871

Article premier. (1) — Il est institué à Belfort et à Nancy des commissions à l'effet de recevoir les demandes des habitants de l'Alsace et de la Lorraine qui, voulant conserver la nationalité française, prendraient, conformément à l'article 1er de la loi du 21 juin 1871, l'engagement de se rendre en Algérie pour y cultiver et mettre en valeur les terres dont la concession leur serait faite par l'État à titre gratuit. Ces commissions seront chargées de constater la moralité des émigrants et leur aptitude à faire des colons agricoles; de s'assurer que chaque famille dispose de ressources pécuniaires s'élevant à cinq mille francs au moins; de diriger enfin sur les ports d'embarquement les familles réunissant ces diverses conditions.

2. — L'État pourvoira au transport par mer des émigrants entre les ports de France et ceux de l'Algérie les plus rapprochés des colonies à établir.

3. — Dans chacun des trois départements algériens, il sera institué par les conseils généraux des commissions à l'effet de recevoir les colons à leur débarquement, de les diriger sur les lots qui leur seront affectés et leur rendre tous les bons offices réclamés par leur situation.

4. — Indépendamment des lots individuels, chaque colonie devra comprendre un communal, en bois, s'il y en a, et en

---

(1) Voir plus haut, pages 145-147.

terres de parcours, dont l'étendue sera proportionnée au chiffre de la population présumée.

5. — Chaque chef de famille sera mis, par les soins de l'administration, en possession de son lot urbain et rural, avec titre et plan, aussitôt après son arrivée. Le choix des lots aura lieu par ordre d'arrivée; autant que possible, leur étendue devra être en rapport avec le nombre des membres de la famille et l'importance des ressources pécuniaires dont elle dispose.

6. — Chaque centre de population sera pourvu, aux frais de l'État : 1° d'eaux alimentaires (fontaine ou puits, lavoir et abreuvoir); 2° d'une mairie; 3° d'une école; 4° d'un édifice du culte avec ses accessoires obligés; 5° des voies de communication nécessaires pour le relier à l'artère principale de la contrée et aux centres voisins.

7. — Les immigrants seront employés de préférence à tous autres ouvriers aux travaux de toute nature qui sont mis à la charge de l'État par l'article précédent.

8. — En attendant la construction des maisons d'habitation, l'État pourvoira les colons des moyens de campement comme pour les troupes en campagne.

9. — Chaque colonie sera constituée en commune de plein exercice aussitôt l'arrivée des deux tiers des habitants qui doivent la former.

10. — Il sera pourvu aux diverses dépenses rendues obligatoires par la présente loi au moyen de crédits ouverts au budget de l'Algérie, chapitre *Colonisation*.

Décret du 16 octobre 1871

TITRE PREMIER

ARTICLE PREMIER. — Les habitants de l'Alsace et de la Lorraine qui voudront profiter du bénéfice de la loi du 15 septembre 1871, auront à produire, devant les commissions d'émigration, instituées à l'article premier de ladite loi, une expédition en forme de la déclaration qu'ils doivent faire auprès de l'autorité municipale du lieu de leur domicile, aux termes de l'article 2 du traité du 10 mai 1871, pour conserver la qualité de citoyen français. Ce titre sera déposé, à l'arrivée des émigrants dans la colonie, au greffe du tribunal de première instance de la situation des biens dont la concession leur sera attribuée.

2. — A leur débarquement en Algérie, les émigrants alsaciens et lorrains souscriront définitivement l'engagement par eux pris devant les commissions susmentionnées de cultiver, de mettre en valeur et d'habiter les terres dont la concession leur sera faite à titre gratuit par l'État, en même temps qu'ils justifieront qu'ils sont demeurés en possession des ressources pécuniaires exigées par l'article premier de la loi précitée. Le titre de concession qui leur sera délivré, aux termes de l'article 5 de la même loi, mentionnera cet engagement, et la déchéance pourra être prononcée contre ceux qui cesseraient de résider sur leurs terres avant de les avoir mises en valeur dans une mesure suffisante pour prouver la loyale exécution des obligations par eux souscrites.

3. — L'affranchissement de la clause résolutoire impliquant, au profit des concessionnaires, propriété définitive et incommutable des immeubles dont ils auront été mis en possession, sera prononcé, à la requête des concessionnaires ou de leurs ayant-cause, par arrêté du préfet du département, rendu sur l'avis de la commission départementale. Cet arrêté sera enregistré gratis et transcrit sans autres frais que le salaire du conservateur. En cas de déchéance, il sera procédé conformément aux règles établies à l'article 11 du présent décret.

4. — Pendant trois ans, le concessionnaire sera affranchi de tous impôts qui pourraient être établis sur la propriété immobilière en Algérie.

5. — Chaque colonie sera constituée en commune de plein exercice aussitôt l'arrivée des deux tiers des habitants qui doivent la former. En conséquence, les conditions de peu-

plement seront réglées pour chacune d'elles de façon à ce que cette proportion puisse correspondre à l'existence d'un corps électoral de cent citoyens français au moins.

TITRE II

6. — Le gouverneur général est autorisé à consentir, sous promesse de propriété définitive et aux conditions ci-après exprimées, des locations de terres domaniales d'une durée de neuf années en faveur de tous Français d'origine européenne autres que ceux désignés au titre premier.

7. — La location est faite à condition de résidence sur la terre louée. Le locataire paiera annuellement et d'avance, à la caisse du receveur des domaines de la situation des biens, la somme de un franc, quelle que soit l'étendue de son lot.

8. — La contenance de chaque lot est proportionnée à la composition de la famille du locataire, à raison de dix hectares au plus et de trois hectares au moins par tête de résident européen (hommes, femmes, enfants ou gens à gages). L'acte de location déterminera, pour chaque cas particulier, le nombre d'Européens à entretenir sur l'immeuble.

9. — A l'expiration de la neuvième année de résidence continue dans les conditions exprimées à l'article précédent, le bail est converti en titre définitif de propriété. Cet acte de propriété, établi par le service des domaines, est enregistré gratis et transcrit sans autres frais que le salaire du conservateur, le tout à la diligence du service des domaines et aux frais du titulaire.

10. — Après deux années de résidence, le locataire a la faculté de céder son droit au bail et éventuellement à la concession ultérieure des terres à tout autre colon européen, aux clauses et conditions convenues entre eux, sous la réserve de la notification en due forme du contrat de substitution au receveur des domaines de la situation des

biens. Le titre définitif de propriété est délivré, en fin de bail, au dernier locataire occupant.

11. — Le bail est résilié de plein droit par le fait de l'inexécution des conditions de résidence imposées à l'article 8. En cas de résiliation, l'État reprend purement et simplement possession de la terre louée. Néanmoins, si le locataire a fait dans l'immeuble des améliorations utiles et permanentes, il sera procédé publiquement, par voie administrative, à l'adjudication du droit au bail. Cette adjudication ne pourra être prononcée qu'en faveur d'enchérisseurs européens. Le prix d'adjudication, déduction faite des frais et compensation faite des dommages, s'il y a lieu, appartiendra au locataire déchu ou à ses ayant-cause. S'il ne se présente aucun adjudicataire, l'immeuble fait définitivement retour à l'État, franc et quitte de toutes charges.

12. — Pendant trois ans, le locataire sera affranchi de tous impôts qui pourraient être établis sur la propriété immobilière en Algérie.

13. — Le ministre de l'intérieur et le gouverneur général civil de l'Algérie sont chargés, chacun en ce qui le concerne, de l'exécution du présent décret.

VII

« Votre Excellence (1) a été informée par les journaux de l'impression que les acquittements prononcés à Melun et à Paris ont produit sur l'opinion publique en Allemagne. Quelle que soit la diversité des partis qui existent chez nous, en présence de ces faits, tous sont de la même opinion. Nous sommes loin de vouloir rendre le gouvernement français responsable des décisions des jurés et nous inclinons à croire que ce gouvernement n'est pas non plus en état de dominer les dispositions des fonctionnaires qui ont pris part à ces décisions. Au contraire, le fait que le sentiment du droit est en France si complètement éteint, même dans les cercles où l'on cherche de préférence des amis de l'ordre politique et de la justice garantie, met l'Europe à même d'apprécier les difficultés que le gouvernement français rencontre dans ses efforts pour affranchir le sentiment de l'ordre et du droit de la pression que le tempérament passionné des masses fait peser sur lui.

« Si toutefois je prie Votre Excellence de traiter cette affaire avec M. de Rémusat, ce n'est pas dans le but de porter à l'adresse du gouvernement français les reproches de la

---

(1) Dépêche de Bismarck à d'Arnim (voir page 149), traduction communiquée par l'Agence Havas (Le *Temps* du 24 décembre 1871).

presse allemande, mais pour prévenir l'objection qu'on pourrait nous adresser de n'avoir pas manifesté en temps utile notre opinion sur les conséquences qui peuvent découler du renouvellement de pareils incidents.

« Si des crimes tels que le meurtre prémédité demeurent impunis, la conscience publique s'en trouve offensée et réclame des représailles, du moment où il n'est pas possible d'obtenir justice. S'il nous était possible de nous placer au point de vue de la justice de Paris et de Melun, le droit du talion aurait cette conséquence que, de notre côté, le meurtre d'un Français, s'il était déféré à notre juridiction, n'entraînerait plus une peine.

« Le degré d'éducation morale et le sentiment de droit et d'honneur qui sont particuliers au peuple allemand, excluent une telle éventualité. Mais, après ces incidents, il sera difficile, pour le cas où de nouveaux crimes de cette nature viendraient à être commis, de satisfaire l'opinion publique en Allemagne en se référant à l'intervention de la justice française. En conséquence, comme mesure défensive immédiate, nos commandants de troupes, sur le territoire de l'occupation, ont dû, par la déclaration de l'état de siège, assurer la répression des crimes par la justice militaire. Les cas où l'arrestation immédiate du coupable pourra être effectuée ne donneront donc plus lieu à des difficultés internationales. Mais toute demande d'extradition que nous pourrions être contraints de faire, surexcitera et indisposera l'opinion publique en France.

« Nous n'avons donc pas, après que l'extradition de Tonnelet et de Berlin réclamée par nous, eut été refusée, persisté dans cette réclamation, confiants que nous étions dans la justice de la France. Mais, à l'avenir, nous ne pourrions, en présence de l'indignation de la population allemande, garder la même réserve, et, dans le cas où une extradition de cette nature nous serait refusée, nous serions contraints d'arrêter et d'emmener des ôtages français, et même, dans les cas d'extrême nécessité, de recourir à des mesures plus étendues, pour obtenir qu'il soit fait droit à notre demande, — éventualité dont nous souhaitons vivement d'être dispensés.

« Abstraction faite des dangers que nous aurions à craindre de ce côté, au point de vue de nos relations réciproques, les incidents de Paris et de Melun révèlent, même dans les classes éclairées et aisées de la population, des dispositions contre l'Allemagne qui ne peuvent demeurer sans influence sur notre attitude future dans l'intérêt de notre propre sécurité. Nous devons nous dire que, bien que nous ayons été l'an passé attaqués par la France sans aucune espèce de provocation de notre part, l'exaspération de voir que nous nous sommes défendus victorieusement a atteint jusque dans les cercles où se recrutent les jurés, les fonctionnaires de la justice civile, les avocats et les juges, un degré si passionné que dans les négociations qui doivent intervenir encore entre nous et la France, nous avons à nous préoccuper d'assurer non-seulement l'exécution des conditions de la paix, mais aussi la force défensive de notre position dans les départements qui sont encore occupés par nous.

« Votre Excellence se souvient que les dernières négociations engagées avec M. Pouyer-Quertier ont été conduites sous l'impression de la confiance que la cessation du dernier reste de notre occupation pourrait, grâce à un accord réciproque, avoir lieu dans un délai plus court que celui prévu par le traité de paix. Le jour que les incidents de Melun et de Paris jettent sur les sentiments et les intentions des Français, même les mieux élevés, a dû faire évanouir cette confiance, d'autant plus que les amis du droit et de l'ordre, dans la presse française, ne se sont pas sentis assez forts pour condamner ouvertement la conduite des jurés, des hommes de la loi, et du public, qui applaudissait.

« Les rares voix qui ont eu le courage de risquer un blâme timide, n'expliquent ce blâme que par des considérations d'utilité pratique, et notamment par cette considération que les Allemands, par leur occupation, sont encore à même de faire du mal à la France, mais aucune d'elles n'y joint cette déclaration : que la sentence qui a été rendue est incompatible avec les principes éternels de la justice, de l'ordre politique, et avec l'état actuel de la civilisation. Il semble donc que même ces faibles hommages rendus au droit se tairaient le jour où notre occupation aurait cessé.

« Je prie Votre Excellence de communiquer ces considérations à M. de Rémusat, sans que, je le répète, votre langage ne laisse percer la moindre trace d'irritation de notre part pour le gouvernement de la République. Loin de là, Votre Excellence insistera de préférence sur le regret et le désappointement que nous éprouvons en voyant, immédiatement après que nous avons donné les preuves de notre esprit conciliant, surgir des faits en présence desquels je me vois, malheureusement, dans l'obligation de qualifier de prématuré notre espoir de voir renaître entre les deux pays la confiance réciproque.

« BISMARCK. »

Cette dépêche, envoyée le 10 décembre 1871 (1) par M. de Bismarck à M. d'Arnim, ne fut rendue publique que le 22. Elle causa, en France et en Europe, une impression considérable. Même les journaux qui, comme le *Daily Telegraph*, ne contestaient point que le chancelier fût fondé à présenter quelques observations, trouvaient qu'« un tel langage pourrait être difficilement justifié par les circonstances présentes ». Le *Times*, le *Morning Post*, le *Standard* sont encore plus énergiques (2). Le général de Manteuffel, commandant en chef de l'armée d'occupation, à Nancy, dans un entretien avec le comte de Saint-Vallier, commissaire extraordinaire du gouvernement français auprès du quartier général, exprima formellement sa désapprobation. « Je quitte M. de Manteuffel, écrivait M. de Saint-Vallier le 24 décembre (3); il vient de m'exprimer les sentiments de douleur qu'éveille en lui la lecture de l'inqualifiable dépêche adressée, le 10 décembre, par M. de Bismarck à M. d'Arnim et publiée avant-hier par les journaux de Berlin. Le général est confondu de la perfidie de cette pièce mensongère et calom-

(1) HANOTAUX, *op. cit.*, p. 353.
(2) Le *Temps*, n° du 27 décembre 1871.
(3) Cf. HANOTAUX, *ibid.*, et Ad. THIERS, *Occupation et libération du territoire, 1871-73* (2 vol. in-8°, Paris, 1900), tome I, pages 105-110.

nieuse, de sa violence brutale et, plus encore, de l'outrage qui nous est fait par sa publication; il se demande avec effroi où tend M. de Bismarck, quel but mystérieux il poursuit, s'il veut réveiller toutes les fureurs, reprendre l'œuvre de destruction, nous écraser entièrement, et nous démembrer... Il est inquiet de ce qui se passe, autant pour son pays et pour son souverain que pour nous et pour lui... « Le chancelier, m'a-t-il dit, nous précipite à notre ruine; il imite Napoléon Ier dans les allures et les fautes qui l'ont perdu; ... il va soulever contre nous le sentiment public de l'Europe, et je crains que nous ne finissions par payer chèrement d'indignes et inutiles humiliations prodiguées aux vaincus! » M. de Manteuffel tint même à examiner avec M. de Saint-Vallier la dépêche de M. de Bismarck, et arriva à « cette conclusion, que, si nous le voulions, il nous serait facile de la réfuter sans sortir de la modération à laquelle nous sommes, hélas! tenus. Suivant lui, nous aurions intérêt à ne pas demeurer sans répondre sous le coup de cette publication ». Et le général de Manteuffel réfuta lui-même, point par point, devant M. de Saint-Vallier, toutes les assertions du chancelier.

INDEX BIBLIOGRAPHIQUE

INDEX

des principaux ouvrages, articles et documents consultés

ABEL (Ch.). — *Une Cause célèbre à Metz* (in-8°, Metz, 1854).

ABOUT (Edmond). — *Alsace (1871-1872)* (in-16, Paris, Hachette, 8° édit., 1897).

ACKER (Paul). — *Une Ville industrielle alsacienne*, dans : *Revue des Deux Mondes*, 15 mars 1912.

ALBERT (Henri). — *La « nouvelle » Alsace-Lorraine*, dans : *Cahiers Alsaciens*, janvier 1914.

ARDOUIN-DUMAZET. — *Voyage en France : 6° série* (in-16, Paris, Berger-Levrault, 1896); 48°-49°-50° séries (*ibid.*, 1907).

BAQUOL. — *L'Alsace ancienne et moderne*, édition entièrement refondue par P. RISTELHUBER (in-8°, Strasbourg, Salomon, 1864).

BARBÉ (Jean-Julien). — *A travers le Vieux-Metz. Les Maisons historiques* (in-8°, Metz, Imprimerie Lorraine, 1913).

BARDY (G.) et DUTILH. — *Historique du Lycée de Belfort* (in-8°, Belfort, 1908).

BARDY (H.). — *Histoire de la Ville de Belfort* (in-8°, Belfort, 1897-1901).

— — *Belfort en 1815* (in-8°, Belfort, 1888).

BÉGIN (E.-A.). — *Metz depuis dix-huit siècles* (3 vol. in-8°, Paris, Furne, 1843-1845).

BENOIT (A.). — *Le Blocus de Phalsbourg en 1815* (in-8°, Metz, 1868).

— — *Le Siège de Phalsbourg en 1870* (in-8°, Nancy, 1871).

— — *Vers les Vosges* (in-8°, Strasbourg, 1876).

BLIN (Eug.). — *L'Industrie de la laine cardée dans la région normande* (in-8°, Rouen, Cagniard, 1891).

BONNET (Victor). — *La Libération du territoire selon le mode de l'emprunt des Américains*, dans : *Revue des Deux Mondes*, 1er mars 1872.

BOUCHER (Henry). — *Industrie et Commerce*, dans : LÉON LOUIS, *Le Département des Vosges*, t. V (in-8°, Épinal, 1889).

BOURELLY (Général). — *La Rétrocession de Belfort à la France*, dans : *Revue des Deux Mondes*, 1er octobre 1905.

BOURGUIGNON (Eug.). — *Bischwiller depuis cent ans* (in-8°, Bischwiller, Posth, 1875).

BOUTEILLER (Ernest de). — *Éloge de Metz, par Sigebert de Gembloux* (in-16, Paris, 1881).

CASTELLANE (de). — *Journal du Maréchal de Castellane* (in-8°, Paris, Plon, 1895, t. I).

CHUQUET (Arthur). — *L'Alsace en 1814* (in-8°, Paris, Plon, 1900).

CORNEILLE (A.). — *La Seine-Inférieure industrielle et commerciale* (in-8°, Rouen, Herpin, 1873).

CULMANN (F. W.). — *Geschichte von Bischweiler* (in-8°, Strasbourg, J.-H. Heitz, 1826).

DEMONTÈS (V.). — *Le Peuple Algérien* (in-8°, Alger, 1906).

DOLLFUS (Aug.). — *Notes statistiques sur les diverses industries du Haut-Rhin*, et plus particulièrement sur les industries textiles de ce département, dans : *Bulletin de la Société Industrielle de Mulhouse*, année 1872.

DOMINIQUE (L. C.). — *Un Gouverneur général de l'Algérie : l'Amiral de Gueydon* (in-4°, Alger, Jourdan, 1908).

ELSTEIN (G. d'). — *L'Alsace-Lorraine sous la domination allemande* (in-8°, Paris, Olmer, 1877).

EMMERY. — *Recueil des Édits... enregistrés au Parlement de Metz* (5 vol. in-4°, Metz, 1774-1788).

ENGEL (Alfred). — *Documents officiels concernant le 4° Bataillon de la Mobile du Haut-Rhin* (in-8°, Mulhouse, Meininger, 1909).

FAVRE (J.). — *Le Gouvernement de la Défense Nationale* (t. II et III, in-8°, Paris, Plon, 1872, 1875).

FISCHER (Dagobert). — *Die Stadt Pfalzburg* (in-12, Mulhouse, 1865).

— — *Le Comté de la Petite-Pierre sous la Domination Palatine*, dans : *Revue d'Alsace* (1879-1880).

FRAËNKEL (Paul). — *Rapport fait à la Chambre de Commerce d'Elbeuf*, séance du 2 février 1910 (in-8°, Elbeuf, Crepel, 1910).

GALIEN (Paul). — *Éphémérides alsaciennes de l'Année Terrible* (in-16, Colmar, J.-B. Jung, 1910).

GLUCK (Émile). — *Le 4° Bataillon de la Mobile du Haut-Rhin* (in-8°, Mulhouse, Meininger, 1903).

GRAD (Ch.). — *Considérations sur les finances et l'administration de l'Alsace-Lorraine sous le régime allemand* (in-8°, Strasbourg, Noiriel; Mulhouse, Bader; Paris, Germer-Baillière, 1877).

— — *Die Optantenfrage vor dem deutschen Reichstag* (in-8°, Berlin, 1878).

GUILMETH (A.). — *Histoire de la Ville et des Environs d'Elbeuf* (in-8°, Rouen, Berdalle, 1842).

GUYNEMER. — *Rapport présenté le 31 juillet 1875 à la Commission générale des Alsaciens-Lorrains au nom du Comité de colonisation de l'Algérie* (in-4°, Paris, Imprimerie Nationale, 1875).

HALLAYS (André). — *A travers l'Alsace* (in-16, Paris, Perrin, 1911).

HANNONCELLES (Gérard d'). — *Metz ancien* (2 vol. in-fol., Metz, 1856)

HANOTAUX (G.). — *Histoire de la France contemporaine, I. Le Gouvernement de M. Thiers* (in-8°, Paris, Combet).

HAUSSONVILLE (Comte d'). — *Lettres au Gouverneur général*, des 30 et 31 décembre 1876 (insérées au *Journal officiel* du 31 mars 1877).

— — *La Colonisation officielle en Algérie*, dans : *Revue des Deux Mondes*, 1er juin et 1er juillet 1883.

HEIM (Ed.). — *La question des optants en Alsace-Lorraine*, dans : *Revue Alsacienne*, décembre 1880.

HEPP (Eug.). — *Du droit d'option des Alsaciens-Lorrains pour la nationalité française* (in-12, Paris, Sandoz et Fischbacher, 1872).

HERMINE (H. de l'). — *Mémoires de deux voyages et séjours en Alsace (1674-1676 et 1681)*, édités par J. COUDRE (gr. in-8°, Mulhouse, 1886).

HOLLENDER (Lieutenant-Colonel A.). — *Le Siège de Phalsbourg en 1870* (in-8°, Paris, H.-Ch. Lavauzelle).

KELLER. — *Altes und neues von Pfalzburg* (in-8°, Sarrebourg, 1874).

KELLER (O.). — *Situation de l'Industrie du Coton et de l'Industrie de la Laine dans le département du Haut-Rhin*, dans : *Bulletin de la Société Industrielle de Mulhouse*, année 1872.

KIENER (F.). — *Die elsässische Bourgeoisie*, dans : *Revue Alsacienne Illustrée*, 1909.

KLEIN (abbé Félix). — *Vie de Mgr. Dupont des Loges* (in-8°, Paris, Poussielgue, 1899).

KLIPFFEL (H.). — *Les Paraiges messins* (in-8°, Metz-Paris, 1863).

KOECHLIN (A.). — *L'Industrie cotonnière en Allemagne* (in-8°, Paris, Pelletier, 1906).

LAFFITTE (Louis). — *Rapport général sur l'Exposition Internationale de l'Est de la France* (in-4°, Paris-Nancy, Berger-Levrault, 1912).

— — *La Région lorraine*, dans : *Les divisions régionales de la France* (in-8°, Paris, Alcan, 1913).

LALANCE (A.). — *Mulhouse français* (in-8°, Paris, Chaix, 1898).

LAMOTHE (H. de). — *Les Alsaciens-Lorrains en Algérie*, dans : *Revue Alsacienne*, octobre 1878.

LANTZ (Lazare). — *Notice historique et statistique sur le Syndicat industriel du Haut-Rhin* (in-4°, Mulhouse, Bader, 1873).

LARCHEY (Lorédan). — *Les maitres bombardiers, canonniers et couleuvriniers de la cité de Metz* (in-8°, Paris, Dumaine, 1861).

— — *Le Pays messin*, dans : *La Lorraine Illustrée* (in-fol., Paris, Berger-Levrault, 1886).

LASABLIÈRE (Ch. de). — *Notice historique sur la ville de Mulhouse*, dans : *Revue d'Alsace*, 1850-1851.

LAVISSE (Ernest). — *La Question d'Alsace dans une âme d'Alsacien* (in-16, Paris, Colin, 1891).

LEDERLIN (A.). — *Monographie de l'Industrie cotonnière* (in-8°, Épinal, 1905).

LEPAGE (H.). — *Les Communes de la Meurthe* (2 vol. in-8°, Nancy, Lepage, 1854).

LEROY (O.). — *Notre histoire au jour le jour, 1re partie 1870-1874* (in-4°, Nancy).

LÉVY (R.). — *Histoire économique de l'Industrie cotonnière en Alsace* (in-8°, Paris, Alcan, 1912).

LOUIS-LANDE (L.). — *Les Alsaciens-Lorrains en Algérie et la Société de Protection*, dans : *Revue des Deux Mondes*, 1er septembre 1875.

LUROTH (Dr). — *L'Administration municipale de Bischwiller à partir de l'année 1840* (in-8°, Bischwiller, Posth, 1864).

L. K. — *Une ville de garnison sous l'ancien régime* (in-8°, Belfort, 1905).

L. M. — *Mulhouse*, dans : *Revue de Paris*, 15 mars 1898.

MANNBERGUER (F.). — *Éloge de feu M. le comte d'Haussonville*, de l'Académie française, sénateur, président de la Société de Protection (in-8°, Paris, Chaix, 1884).

MAY (Gaston). — *Le Traité de Francfort* (in-8°, Paris-Nancy, Berger-Levrault, 1909).

MEININGER (Ernest). — *Essai de description, de statistique et d'histoire de Mulhouse* (in-4°, Mulhouse, 1885).

— — *Le Traité de Réunion de Mulhouse à la France en 1798* (in-fol., Mulhouse, 1910).

MEURISSE (R. P.). — *Histoire des Évesques de l'Église de Metz* (in-fol., Metz, 1634).

MÉZIÈRES (Alfred). — *Récits de l'Invasion, Alsace et Lorraine* (3e édit., in-18, Paris, Perrin, 1884).

MICHEL (Emm.). — *Histoire du Parlement de Metz* (in-4°, Paris, Techener, 1845).

NÉRÉE QUÉPAT (René PAQUET). — *Dictionnaire biographique de l'ancien département de la Moselle* (in-4°, Paris-Metz, 1887).

PENOT (Dr A.). — *La Société Industrielle*, dans : *Bulletin de la Société Industrielle de Mulhouse*, 1876.

PEYERIMHOFF (H. de). — *Enquête sur les résultats de la Colonisation officielle de 1871 à 1895*, Rapport à M. Jonnart, gouverneur général de l'Algérie (2 vol. in-4°, Alger, 1906).

PINET (G.). — *Histoire de l'École Polytechnique* (in-4°, Paris, Baudry, 1887).

PROST (Aug.). — *Journal du Siège de Metz*, manuscrit de la Bibliothèque Nationale.

— — *Le Blocus de Metz*, Publication du Conseil municipal de Metz (in-8°, Nogent-le-Rotrou, 1898).

RÉGAMEY (J. et F.). — *L'Alsace au lendemain de la conquête (1870-1874)* (in-16, Paris, Jouve, 1911).

REINACH (Joseph). — *Raphaël Lévy* (in-16, Paris, Delagrave, 1898).

REUSS (Rod.). — *L'Alsace au dix-septième siècle* (2 vol. in-8°, Paris, Bouillon, 1897-1898).

RICOUX (Dr René). — *La Démographie figurée de l'Algérie* (in-8°, Paris, Masson, 1880).

RIEGER (W.). — *Verzeichnis der im Deutschen Reiche auf Baumwolle laufenden Spindeln und Webstühle* (in-8°, Stuttgart, édit. 1893, 1905, 1909).

SCHEURER-KESTNER. — *Les représentants de l'Alsace et de la Lorraine à l'Assemblée Nationale de Bordeaux*, dans : *Revue Alsacienne*, mai et juin 1887.

SCHLUMBERGER (Th.). — *Rapport annuel*, dans : *Bulletin de la Société Industrielle de Mulhouse*, année 1873.

SCHMIDT (Ch.). — *Une conquête douanière* (in-8°, Paris-Nancy, Berger-Levrault, [1912]).

SÉGUR (Lieutenant-général comte Philippe de). — *Éloge historique de M. le Maréchal Comte de Lobau*, prononcé à la séance de la Chambre des pairs du 17 juin 1839 (in-8°, Paris, Crapelet).

TEUTSCH (Édouard). — *Notes pour servir à l'histoire de l'annexion de l'Alsace-Lorraine* (in-8°, Nancy, Berger-Levrault, 1893).

THIERRY-MIEG (Ch.). — *Les Alsaciens-Lorrains en Algérie*, dans : *Revue Alsacienne*, janvier 1888.

THIERS (Ad.). — *Notes et Souvenirs* (in-8°, Paris, Calmann Lévy, 1903).

VILLEFORT (A.). — *Recueil des traités, conventions, lois, décrets et autres actes relatifs à la paix avec l'Allemagne* (5 vol. in-4°, Paris, Imprimerie Nationale, 1872-1879).

WAHL (Maurice). — *L'Algérie* (in-8°, Paris, Alcan, 2° édition, 1889).

WEBER-KOECHLIN (Dr Jean). — *Les Prussiens à Mulhouse en 1870* (in-8°, Mulhouse, Meininger, 1910).

WOLFRAM (Dr G.). — *Ausgewählte Aktenstücke zur Geschichte der Gründung von Pfalzburg, mit einer Einleitung...*, dans : *Jahrbuch der Gesellschaft für lothringische Geschichte und Altertumskunde, 1908* (in-4°, Metz).

WORMS (Justin). — *Histoire de la Ville de Metz depuis l'établissement de la République jusqu'à la Révolution française* (in-8°, Metz-Nancy-Paris, 1849).

ZURLINDEN (Général). — *Mes souvenirs depuis la guerre* (in-16, Paris, Perrin, 1913).

Aus dem Elsass, — Zustände, Stimmungen und Erwartungen im Neuen Reichsland (in-16, Leipzig, J.-J. Weber, 1875).

Causes célèbres, t. CXXXIV (in-12, Paris, 1786).

Histoire documentaire de l'industrie de Mulhouse et de ses environs au dix-neuvième siècle (Publication de la SOCIÉTÉ INDUSTRIELLE DE MULHOUSE) (2 vol. in-fol., Mulhouse, Bader, 1902).

Das Reichsland Elsass-Lothringen (3 vol. in-4°, Strasbourg, J.-H.-Ed. Heitz, 1898-1901).

Statistique de l'Algérie, 1867-1872 et *1873-1875* (in-fol., Paris, Imprimerie Nationale, 1874 et 1877).

Bulletin de la Société d'Agriculture d'Alger, 1871.

Mémoires de l'Académie de Metz, 1872-1873.

Mémoires de l'Académie Stanislas, 1870, 1872, etc.

L'Austrasie (M. Thiria); *Les Cahiers Alsaciens* (Dr P. Bucher); *Les Marches de l'Est* (M. Georges Ducrocq); *Le Messager d'Alsace-Lorraine* (M. Henri Albert); *Le Pays Lorrain et le Pays Messin* (M. Ch. Sadoul) : *passim*.

Archives du Gouvernement général de l'Algérie : documents divers.

Archives départementales, Belfort, M $^{4}/_{21}$, M $^{13}/_{40}$, M $^{17}/_{5}$, R $^{1}/_{14}$; *Épinal*, 15 M ^{20} *(Alsaciens-Lorrains)*.

Archives municipales diverses.

Archives de la Société de Protection des Alsaciens-Lorrains demeurés Français : comptes rendus divers; lettres et rapports de M. Guynemer, de M. Eugène Hepp, du commandant (depuis général) Riff, du commandant (depuis général) Zurlinden.

TABLE DE CE CAHIER

TABLE DE CE CAHIER

Nous avons donné le bon à tirer après corrections pour seize cents exemplaires de ce sixième cahier et pour vingt exemplaires sur whatman le mardi 17 février 1914.

Le gérant : Charles Péguy

Ce cahier a été composé et tiré par des ouvriers syndiqués

J. Crémieu, imprimeur, 13 et 15, rue Pierre-Dupont, Suresnes. — 8118

www.ingramcontent.com/pod-product-compliance
Ingram Content Group UK Ltd.
Pitfield, Milton Keynes, MK11 3LW, UK
UKHW012207240726
13966UKWH00002B/616